重庆市教育委员会"成渝地区双城经济圈建设"科技创新
项目——成渝地区双城经济圈背景下特色小城镇协同建设
管理的路径研究（项目编号：KJCX2020040）

U0515409

三峡重庆库区
乡镇人口分布特征与其
影响因素研究

SANXIA CHONGQING KUQU
XIANGZHEN RENKOU FENBU TEZHENG YUQI
YINGXIANG YINSU YANJIU

周超　余志涵　著

中国财经出版传媒集团
经济科学出版社
Economic Science Press

图书在版编目（CIP）数据

三峡重庆库区乡镇人口分布特征与其影响因素研究／
周超，余志涵著. -- 北京：经济科学出版社，2023.1
ISBN 978 - 7 - 5218 - 4438 - 2

Ⅰ.①三…　Ⅱ.①周…②余…　Ⅲ.①人口分布 - 研
究 - 重庆　Ⅳ.①C924.2

中国国家版本馆 CIP 数据核字（2023）第 012291 号

责任编辑：周胜婷
责任校对：徐　昕
责任印制：张佳裕

三峡重庆库区乡镇人口分布特征与其影响因素研究
周　超　余志涵　著
经济科学出版社出版、发行　新华书店经销
社址：北京市海淀区阜成路甲 28 号　邮编：100142
总编部电话：010 - 88191217　发行部电话：010 - 88191522
网址：www. esp. com. cn
电子邮箱：esp@ esp. com. cn
天猫网店：经济科学出版社旗舰店
网址：http：//jjkxcbs. tmall. com
固安华明印业有限公司印装
710 × 1000　16 开　11. 25 印张　170000 字
2023 年 4 月第 1 版　2023 年 4 月第 1 次印刷
ISBN 978 - 7 - 5218 - 4438 - 2　定价：72. 00 元
（图书出现印装问题，本社负责调换。电话：010 - 88191510）
（版权所有　侵权必究　打击盗版　举报热线：010 - 88191661
QQ：2242791300　营销中心电话：010 - 88191537
电子邮箱：dbts@ esp. com. cn）

前　言

　　党的十九大报告作出了乡村振兴战略部署，并指出，农业农村农民问题是关系国计民生的根本性问题，必须始终把解决好"三农"问题作为全党工作的重中之重，实施乡村振兴战略。作为衔接城市与农村的桥梁，乡镇在我国的城镇体系中具有协同城乡发展，推动资源双向流动的沟通作用。

　　三峡库区由重庆库区和湖北库区，即库首地区和库腹地区构成，其中重庆库区约占总面积的80%。三峡库区集大城市、大农村、大山区、大库区等特点于一体，山地多、耕地少、地形破碎，生态环境压力较大。伴随着三峡重庆库区的持续发展，其城镇化率在2019年已经达到了62.13%，与全国的平均水平持平。在未来较长时期内，三峡重庆库区的城镇化发展仍将以较快的速度增长。城乡之间的协调发展与"后三峡关键时期"内的新型城镇化建设、乡村振兴和生态文明建设紧密相关，将是三峡重庆库区未来发展的关键所在。长期以来，城乡之间在经济发展水平、基本公共服务等方面的差距一直都是制约三峡重庆库区发展的主要障碍。乡镇作为城镇化体系的最底层，毫无疑问是城镇化发展和开展扶贫工作的主要对象。无论是对于城市、小城镇还是乡村，人口都是核心所在。要实现三峡重庆库区经济社会的可持续发展和居民的安稳致富，需要充分地了解人口的分布特征和影响因素，特别是乡镇一级的人口状况，只有这样，政府部门在城镇化政策、公共服务政策的制定方面才能更具有针对性，才能更有效地实现三峡重庆库区的可持续发展。

　　基于上述理由，笔者选取了三峡重庆库区15个区县、383个乡镇以及万州区 41 个乡镇、372 个村庄的数据从人口分布特征和影响因素两个方面对三峡重庆库区乡镇人口分布进行系统研究，对区域的乡镇人口分布现状、特征和未来发展趋势进行理论研究。

本书的编写和出版得到了四川外国语大学、重庆市住房和城乡建设委员会、重庆市万州区住房和城乡建设委员会和重庆市地产集团的大力支持和资助，编写组成员密切分工协作，做了大量的资料搜集、调研和编撰工作。其中，四川外国语大学的周超负责总体框架设计和第 1 章、第 4 章、第 6 章、第 7 章和第 8 章的撰写，重庆城市管理职业学院的余志涵负责第 2 章、第 3 章和第 5 章的撰写以及参考文献的梳理。硕士研究生辜转、任洁协助收集了部分数据和资料。本书也是重庆市教育委员会"成渝地区双城经济圈建设"科技创新项目"成渝地区双城经济圈背景下特色小城镇协同建设管理的路径研究"（KJCX2020040）的阶段性成果。

本书引用了部分文献和数据，谨在此向相关单位和作者致谢！由于笔者掌握的资料受限以及自身的研究水平还有诸多不足，书中难免有不足之处，恳请读者批评指正。

目录

第1章

绪　　论

1.1　研究背景

三峡库区具体分为重庆库区和湖北库区。重庆库区由重庆市所辖的15个区县组成：渝北区、巴南区、江津区、长寿区、涪陵区、万州区、开州区、忠县、云阳县、巫山县、巫溪县、奉节县、丰都县、武隆区、石柱县。湖北库区则具体由夷陵区、秭归县、兴山县、恩施州所辖的巴东县组成[1]。自1992年党中央、国务院作出开展全国对口支援三峡库区移民工作的重大决策以来，三峡库区的经济发展水平和城市建设都取得了长足的进步。2019年，三峡库区的GDP总量达到了10108亿元，人均GDP则为72149元。在将物价因素剔除以后，与1992年相比，GDP总量和人均GDP分别增长了约21倍和20倍[2]。虽然三峡库区的经济社会发展取得了十分显著的成就，但是在城乡差距、环境保护等方面仍有不足。伴随着政

---

① 水利部 国家发展改革委联合印发《全国对口支援三峡库区合作规划（2021–2025年）》[EB/OL].（2021–12–20）. http://www.gov.cn/xinwen/2021–12/20/content_5662885.htm.

② 资料来源：《重庆统计年鉴2020》《宜昌统计年鉴2020》《2020年巴东县国民经济和社会发展统计公报》等。

府针对三峡库区现有问题和乡村发展、环境保护等方面的持续发力，本书的研究背景呈现出了以下几个特征：三峡库区的发展进入了"后三峡关键时期"；党的十九大作出实施乡村振兴战略的重大部署；三峡库区建设和发展的主要内容之一就是开展生态文明建设。

1.1.1 三峡库区的发展进入了"后三峡关键时期"

在三峡工程于 2009 年全面竣工后，三峡库区进入了一个新的时期，即"后三峡时期"。三峡工程虽然在防洪、发电等方面取得了卓越的成绩，但是仍然存在一些亟待解决的问题，比如移民安稳致富、生态环境保护，以及对中下游地区在航运、灌溉、供水等方面尚存的负面影响。针对三峡工程以及库区发展存在的多方面问题，国务院分别在 2011 年和 2014 年通过并印发了《三峡后续工作规划》《长江中下游流域水污染防治规划》《全国对口支援三峡库区合作规划（2014—2020 年）》等规划文件。《三峡后续工作规划》将"后三峡时期"的规划基准年和规划水平年分别设定为 2010 年和 2020 年，中央政府计划投资 1700 亿元用于三峡工程后期的规划工作。除了国务院以外，重庆市、湖北省以及各个库区区县分别颁布了《重庆市三峡后续工作规划实施管理暂行办法》《湖北省三峡后续工作规划实施管理细则（试行）》等相应的政府文件。

根据《三峡后续工作规划》，"后三峡时期"的主要任务具体包括移民安稳致富、地质灾害的预警与处理、生态环境保护及一些历史遗留问题等。在上述主要任务中，移民安稳致富和生态环境保护是重中之重。当前三峡库区所面临的一大难题就是如何有效地化解经济发展与生态保护之间所产生的矛盾。虽然自 2010 年以后，在各级政府的支持与努力下，三峡库区的经济、社会等各个方面都取得了巨大的成就，但是一些问题仍然突出。以城乡收入差距为例，2009 年，三峡重庆库区城镇居民人均可支配收入 13630 元，农村居民人均纯收入为 4428 元，后者仅为前者的 32.5%，城乡收入差距 9202 元。2019 年三峡重庆库区城镇居民人均可支配收入

38520 元，农村居民人均纯收入为 15355 元，城乡收入差距 23165 元，农村居民的人均纯收入为城市居民的 39.86%。而同期的三峡重庆库区的年均 GDP 增长率超过 11%，与较快的经济发展速度相比，三峡重庆库区的城乡收入差距仍然较大，改善速度远远落后于经济的增长速度。[①] 在三峡后续工作进入第 8 个年头，对于推进新型城镇化、建立更加有效的城镇格局、实现移民的安稳致富和解决生态环境问题等一系列任务和问题已经进入了关键时期和收官阶段。

1.1.2 党的十九大作出实施乡村振兴战略的重大部署

《中共中央 国务院关于实施乡村振兴战略的意见》（以下简称《意见》）指出，乡村振兴战略是决胜全面建成小康社会、全面建设社会主义现代化国家的重大历史任务，是新时代"三农"工作的总抓手。在具体目标方面，《意见》指出，到 2020 年，乡村振兴取得重要进展，制度框架和政策体系基本形成；到 2035 年，乡村振兴取得决定性进展，农业农村现代化基本实现；到 2050 年，乡村全面振兴，农业强、农村美、农民富全面实现。三峡库区虽然在经济社会等诸多方面取得了重要成就，但是城乡间依然存在较大的差距。以占三峡库区移民总量 80% 的重庆库区为例，截至 2019 年 12 月，三峡重庆库区 15 个区县共有乡镇 383 个，约占重庆全市总数的 47.82%[②]。根据扈万泰和宋思曼（2010）等学者的研究，从区域层面来看，重庆巨大的城乡差距主要体现在主城与周边区县，特别是三峡重庆库区的渝东北和渝东南地区。三峡重庆库区既是库区的主要组成部分，又汇集了大量农村和农业人口，是未来重庆推动乡村振兴的重点和难点。三峡重庆库区除了农村面积广大，农民数量众多这一特点以外，还存在基础设施发展滞后的问题。以中小学学校数量为例，截至 2017 年 12

---

① 资料来源：《重庆统计年鉴 2010》《重庆统计年鉴 2020》。
② 资料来源：《重庆统计年鉴 2020》。

月，重庆全市普通中学和小学的数量分别为 1167 所和 4170 所，但是，三峡重庆库区内的万州区郭村镇和开州区渠口镇没有普通小学，万州区小周镇等 265 个乡镇仍然没有普通中学，重庆多数没有普通中学的乡镇都位于三峡重庆库区①。乡村振兴战略的推进和实施势必要坚持城乡融合，进一步完善区域内的基础设施，缩小城乡之间公共服务的差异以及使生产要素能够在区域之间、城乡之间合理流动。基于产业结构的视角来看，乡村振兴在供给侧结构性改革方面的深入推进将有效地增加优质农产品的供给，培育特色产业，促进一二三产业融合，进而改善三峡库区产业结构空心化的问题。结合乡村振兴战略的主要内容和时间路径以及三峡库区的实际情况来看，乡村振兴战略都是推动三峡库区经济社会发展和缩小城乡差距的重要建设内容之一。

1.1.3　生态文明建设成为三峡库区建设的重要组成部分

生态文明是人类社会的生态文化以及与相关生产技术的融合，其核心目的是要在实现环境保护的前提下推进社会的持续发展，这已经成为人类发展进程的重要组成部分。生态文明是对人类发展与自然环境的历史总结，它基于对过往主导人类社会发展的多重文明的反思（廖才茂，2004）。生态文明的本质就是在人类社会发展的过程中，追求人与自然关系的和谐，形成一种既有利于人类社会的持续发展，又不会对自然环境的演化造成负面影响的关系。总体而言，生态文明不是追求单方面的获利，而是强调人与人、人与社会和人与自然的和谐共生。在我国经济社会进入历史新阶段的大背景下，生态文明在我国发展战略以及发展体系中的地位不断提高，已经成为国民经济和社会发展计划的核心内容之一。

就三峡库区的生态状况而言，当前虽然库区生态环境持续改善，但其

---

① 资料来源：重庆市住房城乡建设委员会编制的《2017 年重庆市所有小城镇主要指标分区县分析表》。

生态压力仍十分巨大。首先，库区生态环境面临较大的承载压力。由于库区山地多、平地少、人口集中度较高，进而造成其生态压力不容乐观。根据翟羽佳等（2015）的研究，三峡库区的生态承载压力较大，总体状况令人担忧。其中重庆库区的生态承载压力最大。其次，三峡库区存在水质破坏严重和农村面源污染严重等问题。2016 年，环境保护部发布的《长江三峡工程生态与环境监测公报 2016》显示，在 2015 年 3～10 月的水华敏感期，三峡库区主要支流的富营养状态断面比例明显偏高。

三峡库区的生态文明建设不仅关系着自身是否能够实现可持续发展，更对于整个长江流域以及国家层面的生态安全具有举足轻重的意义。无论是中央政府还是地方政府对于三峡库区的生态文明建设都给予了较大的关注。2016 年 1 月，习近平总书记在重庆调研时强调："保护好三峡库区和长江母亲河，建设长江上游重要生态屏障，推动城乡自然资本加快增值，使重庆成为山清水秀美丽之地。"① 2018 年 5 月，重庆市委书记陈敏尔提出走生态优先绿色发展之路②。同时，重庆市政府出台《重庆市绿色金融发展规划（2017－2020）》等文件推动长江上游生态文明的建设③。三峡库区是我国重要的生态保护区和战略性水资源储备地，它对于长江上游乃至于整个长江流域的生态重要性不言而喻。但是当前三峡库区的情况并不乐观，文传浩等（2017）研究认为，在"后三峡时期"，三峡库区的总体生态压力较大，特别是水环境方面的安全压力尤为突出。

三峡库区在后三峡时期的经济社会发展、乡村振兴战略的推进以及生态文明建设的出发点和落脚点是人口，特别是乡镇人口。如前文所言，三峡库区存在显著的城乡差距，因此本书认为安稳致富的着重点应该是乡镇。当前制约三峡库区生态文明建设的重要因素就是乡镇一级的人口分

① 重庆日报. 守护一江碧水两岸青山 建设山清水秀美丽之地［EB/OL］.（2017－01－10）. http：//news. cnr. cn/native/gd/20170110/t20170110_523463854. shtml.
② 重庆日报. 重庆市委书记陈敏尔：坚定不移走生态优先绿色发展之路［EB/OL］.（2018－05－16）. http：//www. wenming. cn/specials/hot/wmkd/201805/t20180516_4688447. shtml.
③ 新华社. 重庆发布绿色金融规划 2020 年建成长江上游生态示范核心区［EB/OL］.（2017－11－07）. http：//www. gov. cn/xinwen/2017－11/07/content_5237749. htm.

布。受制于数据的可得性，本书的研究对象为由库腹和库尾地区组成的三峡重庆库区。就三峡重庆库区的情况而言，由于重庆属于多山地区，乡镇人口分布较为零散，对于污水、生活垃圾等的集中处理难度较大。因此，了解三峡重庆库区乡镇人口分布特征与影响因素是推进三峡库区在新时期经济社会发展、乡村振兴和生态文明建设的基础。

1.2　研究意义

问题是时代的声音，是研究的源泉。研究三峡重庆库区乡镇人口分布特征与影响因素，研究万州村庄人口的分布情况与影响因素，对于了解三峡重庆库区乡镇人口的分布特征，进而为政府在城镇化、生态建设等方面政策的调整变化作出理论贡献，是激发本研究的动力，也构成本研究的核心价值。

1.2.1　理论意义

本书的理论意义主要有两个方面。一方面，以三峡重庆库区这一特殊区域作为研究对象，结合区域经济学、人口经济学、人口地理学、人口社会学等多学科理论对特殊区域人口的分布特征与影响因素进行跨学科综合研究，将进一步推动学科交叉研究相关理论的产生，丰富区域经济学和人口地理学的理论体系；另一方面，从目前的研究现状看，学术界对三峡库区这一特殊区域的人口研究基本处于空白阶段，本书更未检索到关于这一区域在乡镇人口分布方面的文献。本书通过采用重庆市城乡建设委员会及万州区城乡建设委员会的数据对三峡重庆库区乡镇一级和万州区村庄一级人口的分布及影响因素进行综合研究，弥补了区域经济学、人口地理学研究内容上的不足。

1.2.2 实际意义

深化了解三峡重庆库区人口的分布特征及其影响因素，将对区域城镇化发展与经济社会发展产生一定的影响。人口的空间布局与区域经济发展具有很强的一致性，合理的人口布局会推动区域经济的发展，反之则会产生制约效应。目前，三峡重庆库区面临较好的发展机遇。重庆是西部大开发的重要战略支点，处在"一带一路"和长江经济带的联结点上，在国家区域发展和对外开放格局中具有独特而重要的作用。而万州则是成渝城市群的区域中心城市。伴随着经济发展的同时，缩小城乡差距、推进生态建设是影响三峡重庆库区维稳致富和可持续发展的关键内容。本书的研究成果可以为政府在制定这些方面的政策时提供决策基础。因而，具有较强的实际意义。

1.3 研究内容和方法

1.3.1 研究内容

不同于以往的研究，本书主要从微观层面对三峡重庆库区小城镇与村庄的人口分布特征与影响因素进行研究。本书的研究思路是在对研究背景、理论基础和国内外研究现状进行分析的基础上，得出本书研究的创新点和学术贡献。在具体分析部分，从总体特征、空间分布特征和差异特征三个方面对三峡重庆库区小城镇和万州村庄人口分布特征进行分析的基础上，采用多元回归分析方法、空间分析方法和两阶段最小二乘法对影响因素进行研究。结合上述这些内容，本书的研究内容安排如下：

第1章 绪论。本章主要从三峡库区面临的时代背景出发，对本书所产生的理论意义和实际意义进行分析，并就本书的主要内容、研究方法、结构框架和技术路线、国内外研究现状以及创新点等进行阐述。

第2章 理论基础与理论逻辑。理论基础由两个板块组成：核心理论与相关理论。核心理论包括城乡融合观、二元经济结构理论、人口迁移理论、中心地理论。相关理论包括集聚经济理论、城镇发展理论。三峡重庆库区发展背景分析主要从经济发展、产业发展和城镇化发展三个方面入手，为分析乡镇人口的分布从宏观层面作出铺垫。

第3章 三峡重庆库区独特的发展背景分析。本章主要从经济发展、产业发展和城镇化发展、人均可支配收入四个方面入手，为分析乡镇人口的分布从宏观层面作出铺垫。

第4章 三峡重庆库区小城镇人口分布特征。首先对三峡重庆库区的区域情况和采用的数据来源、研究方法进行介绍；其次从总体特征、空间分布特征和差异特征三个方面对小城镇人口的分布特征进行分析。

第5章 三峡重庆库区村庄人口分布特征——以万州为例。万州作为三峡库区人口最多、面积最大、空间层次最丰满的区域，以万州作为研究对象，能够较好地反映三峡重庆库区的情况。在具体的结构方面，与第3章类似，在对区域情况、数据来源和研究方法进行介绍的基础上，从总体特征、空间分布特征和差异特征三个方面进行分析。

第6章 三峡重庆库区小城镇人口分布影响因素研究。建立空间计量模型，从经济发展水平、基本公共服务设施等方面对影响三峡重庆库区383个小城镇人口分布的因素进行分析。

第7章 万州村庄人口分布的影响因素研究。采用引入合适工具变量的两阶段最小二乘法从经济发展水平、基本公共服务设施等方面对影响万州372个村庄人口分布的因素进行分析。

第8章 研究结论及政策建议。在前文研究的基础上，针对三峡重庆库区的特殊情况，对三峡重庆库区小城镇和万州村庄人口的分布特征和影响因素分别进行总结；并基于以上研究基础，对三峡重庆库区乡镇的人口变动趋势进行分析。结合研究结论与人口变动趋势，提出相应的政策建议。本章的最后一部分是研究展望。

1.3.2 重点和难点问题

（1）研究重点。本书的研究重点主要包括两个方面：一是人口分布特征。具体指小城镇（即镇和乡）的人口分布特征。另外，本书以万州为例，对各个村庄的人口分布特征进行分析。二是影响因素分析。在对人口分布特征进行分析和总结的基础上，采用多元回归模型和空间分析等方法对具体的影响因素进行分析。

（2）研究难点：本书的研究难点主要存在两点。首先，数据的整理与处理工程浩大。本书涉及三峡重庆库区383个小城镇，万州372个村庄的数据，数据的搜集和异常值的剔除等工作均耗费大量时间。其次，在影响因素的研究方面，由于解释变量与被解释变量之间存在潜在的内生性可能，加之可选择的变量有限，在具体的处理上存在一定的难度。如经济发展水平与人口分布可能存在双向互动影响，进而造成内生性问题。

1.3.3 研究方法

借鉴相关研究，本书采用的主要研究方法有：

（1）文献梳理。本书的研究基础是在阅读大量的文献资料的基础上，归纳并总结出当前国内外在人口分布方面的研究以及相关影响因素，为本书以三峡重庆库区作为研究对象开展的研究奠定理论基础，同时也为提出促进三峡重庆库区经济社会发展和在"后三峡时期"维稳致富方面的政策建议作铺垫。

（2）GIS空间分析方法。空间是地理学的核心概念。本书的核心内容之一就是对三峡重庆库区小城镇和村庄的人口空间格局进行分析，在分析人口空间格局时，仅仅凭借文字的叙述和数据的说明较难直观地反映人口空间格局的状况。因此，必须依靠GIS空间分析技术，厘清三峡重庆库区乡镇人口的空间分布情况。

（3）多元回归分析方法。在对影响小城镇人口分布的因素进行分析时，本书将首先采用多元回归分析方法，进而判断是否应该采用空间分析方法以及采用何种方法。在对影响村庄人口分布的因素进行分析时，本书将主要采用多元回归分析方法对经济发展水平等影响因素所产生的作用进行检验和分析。

（4）两阶段最小二乘法。在关于万州 41 个小城镇 372 个村庄人口分布影响因素的研究部分，本书采用两阶段最小二乘法，考虑经济发展水平、基本公共服务设施等对小城镇和村庄的影响因素进行分析。并在总体影响的基础上，进行区域拆分分析，进而分析不同区域之间的差异性。

（5）空间计量分析方法。在采用多元回归分析方法的基础上，本书还将利用空间经济学的相关理论对小城镇之间的由人口集聚所产生的外溢性影响进行分析，进而对研究对象间的互动性影响进行分析。

本书将运用到的计量软件包括 Stata15.0、ArcGIS10.2。

1.4 研究结构框架

本书按照"理论前提—分布特征—影响因素—政策建议"的技术路线展开。首先，系统梳理国内外关于人口分布及其影响因素的文献。然后，分别从小城镇和村庄层面对三峡重庆库区和三峡库区核心城市万州的村庄人口分布特征进行分析，具体从总体特征、空间分布特征和差异特征来进行，进而能够对区域的总体情况进行充分的了解。在此基础上，本书进一步讨论三峡重庆库区人口分布的影响因素。本书采用空间分析方法重点考察三峡重庆库区小城镇之间人口分布的外溢效应；采用两阶段最小二乘法考察经济发展水平、基本公共服务设施等因素对于万州村庄人口分布的影响。最后，基于研究结论和所研究区域的实际情况，对未来三峡重庆库区乡镇的人口变化趋势进行预测分析，从人口分布的角度提出在城镇化、生态建设等方面的具体政策建议，并为以后的研究方向进行学术展望。具体而言，本书的研究框架如图 1.1 所示。

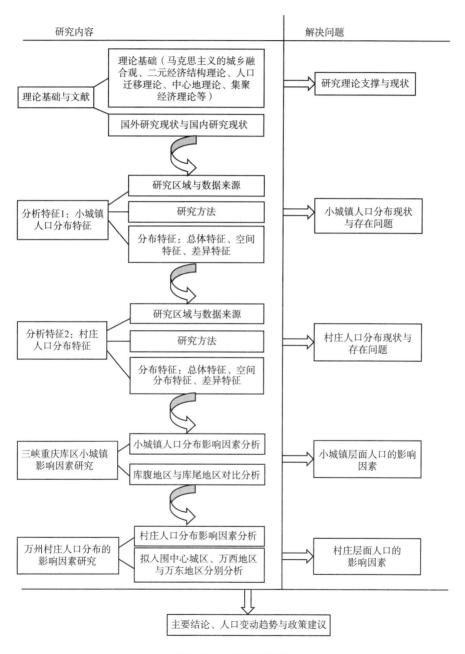

研究内容　　　　　　　　　　　解决问题

| 理论基础与文献 | 理论基础（马克思主义的城乡融合观、二元经济结构理论、人口迁移理论、中心地理论、集聚经济理论等） | → 研究理论支撑与现状 |

国外研究现状与国内研究现状

分析特征1：小城镇人口分布特征
研究区域与数据来源
研究方法
分布特征：总体特征、空间特征、差异特征
→ 小城镇人口分布现状与存在问题

分析特征2：村庄人口分布特征
研究区域与数据来源
研究方法
分布特征：总体特征、空间分布特征、差异特征
→ 村庄人口分布现状与存在问题

三峡重庆库区小城镇影响因素研究
小城镇人口分布影响因素分析
库腹地区与库尾地区对比分析
→ 小城镇层面人口的影响因素

万州村庄人口分布的影响因素研究
村庄人口分布影响因素分析
拟入围中心城区、万西地区与万东地区分别分析
→ 村庄层面人口的影响因素

主要结论、人口变动趋势与政策建议

图 1.1　本书技术路线

1.5 国内外研究现状

1.5.1 关于人口分布研究的文献梳理

文献梳理有利于明晰现有研究进展，有利于找准深入研究的方向，是本书开展后续专题研究的重要基础。需要说明的是，与中国长期以来是一个农业国家的基本国情不同，其他国家特别是西方发达国家城镇化发展较快，城市的数量较多且规模较大，因而国外学者在人口分布方面的研究主要从城市的层面展开。

1.5.1.1 国外研究现状综述

在人口分布的研究方法方面。国外学者们对于城市人口的分布格局以及演化规律的研究通常采用数量模型来分析，并在此基础上发展了克拉克模型（Clark，1951）、纽林模型（Newling，1969）等一系列理论模型。克拉克（Clark，1951）提出了针对城市人口空间分布结构的负指数函数（negative exponential function）。但是该模型假设人口在城市的空间分布仅由到城市中心地区的距离决定。伴随着产业转移，交通拥堵以及逆城镇化现象的出现，上述假设已经不能成立。因而，负指数函数并不能够对发展中的城市人口分布状况进行有效估计。在克拉克模型的基础上，纽林（Newling，1969）、麦克唐纳和鲍曼（McDonald and Bowman，1976）、考和李（Kau and Lee，1976）等学者延伸了关于人口密度模型的研究。例如，纽林（Newling，1969）在指出克拉克（Clark，1951）建立的模型在研究中央商务区域人口分布变化的缺陷的同时，提出改进型方法即纽林模型，进而将中央商务区域内部与外部的区域视为连续统一体。伴随着逆城镇化和多中心现象的大量出现，阿尔佩罗维奇（Alperovich，1983）、斯莫和宋（Small and Song, 1994）将通勤费用纳入模型考察逆城镇化对于单中心人口分布的影响。他们的研究结果都指出，伴随着城市逆城镇化现象的不断出现，城市中心区域的人口密度呈现出不断下降的趋势。此外，麦克唐纳（McDonald, 1987, 1988）还对城市出现的多中心现象对于人口分布的影响进行了分析。麦克唐纳（McDonald, 1987）以常住人口和从业人数的比值为基准对城市中的次中心进行定义，将上述比值高的区域定为城市次中心。麦克唐纳（McDonald, 1988）为了避免上述分析中出现多重共线性问题，采用到城市中心区域距离的倒数来对次中心进行衡量与测度。在有效获取数据的基础上，这些模型对于揭示在城市发展过程中，人口的空间分布及其演化规律具有十分重要的学术意义和现实意义。

在人口分布的研究方面。多布金斯和约尼德斯（Dobkins and Ioannides, 2000）从动态演进的角度研究了美国 1900 ~ 1990 年间的城市规模，他们研究发现美国的城市规模总体上呈现出分化增长的态势，同时在不考虑空间演进的前提下，部分地区在较强的区域中心作用下，表现出显著的集聚特征。夏玛（Sharma, 2003）通过对 20 世纪初到 20 世纪末印度的城市规模演变进行研究，发现从长期看城市的规模几乎是平行增长的，而在短期中受到外生冲击的影响时，城市规模呈现出偏离的态势。安德森和葛（Anderson and Ge, 2005）研究认为，中国城市的人口规模分布在改革开放以后发生了巨大的改变，并且人口分布呈对数正态分布。与以往文献不同，安德森和葛（Anderson and Ge, 2005）认为，对数正态分布而非帕累托形态，是中国城市最好的分布形态。格拉泽（Glaeser, 2012）通过对法国、日本等众多国家的城镇化进程研究发现，城市的人口规模并不是扁平均衡分布的，而是两极分化的，以人口分布最不均衡的日本为例，大东京都市圈所拥有的人口近乎占到日本总人口的 1/3。

1.5.1.2 国内研究综述

（1）人口分布的研究方法方面。基于 GIS 的空间分析方法是学者们在进行人口分布研究时所采用的主要分析方法。张善余（2002）、李玉江

(2011)分别指出,人口地域分布的度量方法有不均衡指数、广狭度、接近度以及人口重心等多种方法。在人口流动频率不断增加的大背景下,人口空间格局也是在不断地演化之中。江东、杨小唤等(2002)以 GIS 技术为依托,认为关于人口的空间分布变化研究要从人口数据空间化出发,并构建了相应的人口空间分布模型。当前诸多学者采用的一种研究方法就是人口集疏度模型。赵军和符海月(2001)以甘肃的少数民族作为研究对象,采用 GIS 技术,对少数民族的人口重心及其移动轨迹进行测算,并建立相对应的图形数据库和人口统计数据库。葛美玲和封志明(2009)在 GIS 的空间分析技术的基础上,对 2000 年中国的人口分布从密度层面进行分析。并在此基础上,构建人口重心曲线,以邻近性为基准对人口密度进行更为深入的分析。潘竟虎和李天宇(2009)通过采用 ESDA 空间自相关分析方法对甘肃省市域人口流动情况和空间分布特征进行了研究。他们研究发现,人口流动具有显著的空间集聚特征,并展现出西部和北部集聚程度高、东部和南部集聚程度低的格局。杨强等(2017)基于人口分布结构指数、基尼系数、重心迁移、空间自相关等多种方法,对 1935~2010 年间我国县级的人口分布情况及其演化特征进行了分析。钟炜菁等(2017)基于手机信令数据,结合空间分析方法,对上海市的人口分布和城市结构等情况进行了分析。以上研究更深入揭示了人口分布与其职住关系、商圈功能等方面的关系。

(2)人口分布的研究角度方面。胡焕庸(1935)、葛美玲和封志明等(2008)从全国分布格局的角度进行了研究。胡焕庸(1935)针对我国人口分布在东部地区和西部地区的显著差异情况,提出了著名的黑河—腾冲一线,首次对我国全国层面的人口分布情况和特征进行了系统地归纳和整理。葛美玲和封志明(2008)分析了 2000 年中国的人口分布情况,并在与胡焕庸(1935)的研究结论进行对比之后,得出中国传统的东南密西部疏的分布格局并没有发生改变。俞路(2006)从经济发展的角度对 20 世纪 90 年代的人口迁移状况进行了分析,研究发现,改革开放后在东部沿海地区所崛起的劳动密集型产业不仅带动了区域的经济增长,更吸引了大量的人口由中西部地区向东部地区迁移，进而加剧了原有的东密西疏的人口格局。蔡建明等（2007）分析了交通对于人口格局的影响。他们研究认为，伴随着我国交通设施日益完善，人口的分化格局将进一步加剧。这一结论与其他学者较为类似。葛美玲和封志明（2009）基于人口密度分级的多圈层叠加分析研究发现，中国的人口密度情况呈现出梯度化分布的态势。即人口密度从东部沿海地区递减至中部地区，最后到西部地区。

（3）关于具体区域的研究。在关于东部地区的研究方面，杨剑等（2010）对浙江省的人口分布及其演变情况进行了研究，研究发现，浙江省的人口分布在区域间存在明显的不均衡特征，并且这一分布差异伴随着时间不断扩大，并且三大区域之间的人口偏移增长状况具有显著的不同。总体而言，人口重心向东南沿海地区偏移的趋势十分明显，这一区域的人口总偏移量为正。而位于浙江东北部的杭州湾地区以及中部和西南地区则分别呈现出稳定和负增长的趋势。刘望保等（2010）基于地理空间技术研究发现，无论是广州的常住人口还是户籍人口的密度都在不断增加，并且空间的集聚特征不断凸显。在空间集聚特征方面，"高高集聚、低低集聚"是广州人口的主要集聚特征。另外，已经有多个位于中心城区的外围次中心形成并不断扩大，多核心的人口分布格局日渐清晰。刘乃全和耿文才（2015）对2005～2012年上海区县人口的空间分布特征及其演变规律进行了研究。他们认为上海的逆城镇化趋势已经不断凸显，核心城区的人口增长速度明显放缓，外围城区的人口增长速度明显较快。同时人口分布还存在明显的空间排斥效应。在关于中西部地区的研究方面，杨成凤等（2014）对2005～2012年四川的人口分布状况及其演变形态进行了分析。人口在四川地区的分布差异明显，成都地区、川南地区和一些平原区县的人口数量明显较多，而位于川西等少数民族地区的人口数量则明显偏少。另外，伴随着地区间经济发展差距的不断拉大，人口的分化也呈现出不断加剧的趋势。王国霞（2017）研究第五次和第六次全国人口普查资料发现，湖北和湖南等中部六省区在2000～2010年间仍然是人口迁出大省，人口主要流向了广东、福建等经济较为发达的东部沿海地区。

（4）受限于数据的可获得性等原因，当前关于人口在乡镇的分布状况的研究明显偏少。张志斌等（2012）分析了兰州市乡镇（街道）级的人口分布格局以及演变特征。在1982～2009年的27年间，兰州市的乡镇（街道）级呈现出了向核心城区集聚的分布态势。另外，街道与乡镇的人口增长情况存在显著的差异。柏中强等（2015）对25个省份乡镇人口的分布特征进行了分析，他们研究认为当前乡镇人口的分布总体不均衡性较高，呈现出西高东低的态势，具体而言，人口分布密度在我国三级阶梯地貌间呈现出依次递减的态势。张海霞等（2016）依据第六次人口普查数据，在按照地形特点将人口划分为低密度、中密度和高密度的基础上，对河南乡镇级的人口分布状况进行了分析，乡镇人口在各个方向之间的差异并不大。刘子鑫等（2017）以陕西省关天经济区为案例，分析了市、县、镇三级的人口空间变化，他们研究认为，在镇级层面，人口以西安为中心沿交通轴线向外围递减；同时出现两种人口集聚路径：一是地级市市区内，人口大量向近郊集聚，中心城区人口快速缩减，逆城镇化特征明显，二是在市区外围，人口明显向各县城集聚，绝大多数乡镇人口下降。

（5）关于农村人口分布的研究，学者们主要从研究农村人口的老龄化、空心化和人口转移等方面入手。许海平（2016）基于2005～2013年的数据，研究认为农村人口老龄化具有显著的空间非均衡特征，并且区域之间的差异情况在不断扩大。陈坤秋等（2018）基于第五次和第六次全国人口普查县域人口数据对农村人口空心化问题进行了研究，他们认为县域农村人口空心化现象普遍存在，并且上升速度较快。张学浪和潘泽瀚（2014）研究认为，在未来的一个较长区间，农村未来转移人口的规模、潜力及动力仍然比较大。

1.5.2　关于人口分布影响因素研究的文献梳理

在影响人口分布的因素方面，由于中国长期存在一定的制度制约如户籍制度，而其他国家普遍不存在相关的制度性影响，因而，除了在地形地貌、经济发展等方面的因素以外，国内外学者在就中国的情况进行研究时，更加注重制度对于人口分布的影响。

1.5.2.1 国外研究综述

在影响因素的研究方面。国外学者认为经济的发展水平、地理环境因素对于人口分布具有重要的影响。德国地理学家洪堡（Humboldt）与李特（Ritter）分别于1811年和1807年在《墨西哥》与《欧洲地理》等著作中详细阐述了地形、气候等自然因素对于人口分布的影响机制。拉策尔（Ratzel，1882）在《人类地理学》一书中具体论证了地理环境对于人口分布状况的影响以及对于民族特性的塑造。库兹涅茨（Kuznets，1964）认为在第二次世界大战结束以后，伴随着国家间联系的增强，经济发展水平在各个国家的差异将会引起人口的大量流动。亨德森（Henderson，1974）通过采用数理模型推导，研究认为城市规模最初会随着工人人均工资的提高而不断扩大，在达到临界值之后，城市规模会呈现出下降的态势，即我们通常所说的倒 U 型关系。吉蒙德和西玛德（Guimond and Simard，2010）、加西亚（Garcia，2010）分别从城市绅士化（gentrification）和郊区城市化（suburbanization）的角度来研究城市结构变化对人口分布所造成的影响，他们的研究表明，伴随着城市绅士化，城市之心的人口分布逐步增长，但是在郊区城市化的作用下，大量的人口居住地由城市中心外迁至城市的边缘区域。

在关于中国的研究方面。奥和亨德森（Au and Henderson，2010）研究认为，伴随着人口集聚所产生的收入快速增长加速了人口在城市的快速集聚，同时中国的城市规模并不够大，其中政府控制、户口制度等行政因素是制约中国人口流动和城市规模扩大的主要因素。泽森（Zeuthen，2017）以成都为例，研究认为虽然政府通过土地拆迁等方式提升了乡镇的基础设施，但是由于大中城市与乡镇在收入上的差距，大量的人口仍然会向成都等大中城市流动。

1.5.2.2 国内研究综述

在影响因素的研究方面。曾永明和张利国（2017）、王胜今和王智初（2017）指出经济发展水平是影响人口分布的最重要因素，生产力的水平及其分布情况往往与人口的分布情况较为一致。与其他学者认为经济发展是最核心的影响因素不同，吕晨和樊杰等（2009）从短期和长期出发，指出虽然经济发展是影响人口空间分布的决定因素，但是从长期来看，自然环境则具有决定性的影响。李雨停等（2009）则从地理成本的角度开展了研究，伴随着交通设施的提升，不仅是区域内部，区域之间的人口分布也会呈现出一定的变化。马颖忆等（2012）分析了江苏省的人口分布格局和变化情况，并在采用主成分分析和地理加权回归分析等分析方法的基础上研究了经济发展、区域政策、基本公共服务设施、历史发展情况等方面对于人口分布的影响。牟宇峰等（2013）从经济发展水平、交通便捷程度、城市空间发展政策等十余个方面对南京30年来人口格局演变的机制进行了分析。在关于小城镇人口分布的影响因素方面，柏中强等（2015）认为经济发展水平和地理形态都对乡镇人口分布具有显著性的影响，乡镇人口的分布状况与地理条件和经济发展水平具有紧密的联系。在关于农村人口空心化的研究方面，陈坤秋等（2018）认为城乡经济社会发展差异、地理条件等是影响我国当前农村人口空心化的重要因素。

综合国内外学者在人口分布及其影响因素方面的研究来看，虽然现在国内外学者无论是研究方法还是具体的研究体系都已经非常成熟了，但是普遍存在的一个缺陷，就是忽视了对于小城镇和村庄人口分布及其影响因素的研究。长期以来，国内外主流经济学主要着重于城市层面的研究，对于小城镇和村庄层面的研究相对不足。造成这一现象的原因是多方面的。首先是国内外的城乡体系的差异。欧美等西方国家主要以城市为主，乡镇较少，进而大量国外学者的研究视角聚焦于城市。从国内学者的角度来看，一方面，中国的城镇化进程在改革开放40多年来取得了飞速的进展，进而吸引了大量的学者开展与城市相关的研究；另一方面，受到国外学者的影响和受制于数据不足等原因，造成了主流经济学对于小城镇和村庄的研究较为缺乏。

1.6 本书的创新与主要贡献

1.6.1 可能的创新

研究视角的创新。当前国内外学者对于人口分布的研究多是从国家、省市级或者区县级来进行，对于小城镇或者村庄层面的研究相对缺乏，进而造成了研究的空白。本书采用重庆市城乡建设委员会与万州区城乡建设委员会的数据，从小城镇和村庄两个层级对三峡重庆库区的人口分布和影响因素进行了研究，进而弥补了这一领域的研究空白。当前国内外关于小城镇和村庄级人口的研究多是采用调研数据来进行分析。调研数据由于覆盖面有限，因而对于研究区域的总体情况不能够较好地反映。本书则基于重庆市和万州区城乡建设委员会的数据，对三峡重庆库区所有的 383 个小城镇和万州区 372 个村庄进行分析，进而突破了这一局限。

本书从总体特征、空间分布特征以及差异特征三个方面对人口的分布情况进行了研究。当前学术界关于人口分布的研究方法和视角过于单一，本书从分层级分析为主的总体特征、空间分布特征以及差异特征三个方面来进行分析，进而使研究体系更为立体，更能够深入挖掘数据背后的理论和现实意义。

1.6.2 主要贡献

本书最主要的学术贡献是对三峡重庆库区小城镇和村庄级的人口分布

特征及影响因素进行了分析。笔者检索了知网、Sciencedirect 等国内外主要文献资源库，均未发现对三峡重庆库区乃至整个三峡库区小城镇和村庄级的人口和影响因素进行研究的文献。本书在重庆市住房和城乡建设委员会与万州区住房和城乡建设委员会的大力支持下，对这一研究空白进行了弥补，为区域在城镇化发展、生态文明建设等方面政策的制定作出了一定的理论贡献。

另外，在乡村振兴大背景下，本书通过对农村之首的小城镇和村庄的人口分布及影响因素进行深入的研究，为三峡重庆库区乡村振兴和整个区域城乡协调发展的政策制定提供了基础性的理论支撑。

第 2 章

理论基础与理论逻辑

与人口分布相关的观点或理论比较丰富，其中联系较为紧密的有 6 个：基于社会大生产视角研究的马克思主义的城乡融合观、从发展中国家视角研究的刘易斯（Lewis）的二元经济结构理论、从人口学角度深入分析的人口迁移理论、从区位角度进行阐述的中心地理论、从空间角度予以论述的集聚经济理论以及从经济社会发展层面展开剖析的城镇发展理论。本书将上述 6 个理论大体划归为两类：核心理论与相关理论。核心理论包括马克思主义的城乡融合观、刘易斯的二元经济结构理论、人口迁移理论、中心地理论。相关理论包括集聚经济理论、城镇发展理论。

2.1　人口分布特征与影响因素的核心理论

2.1.1　马克思主义的城乡融合观

马克思主义的城乡融合观是在其劳动地域分工理论的基础上建立和发展起来的。马克思和恩格斯都持有这样的一种观点，劳动区域分工有利于劳动生产率的提高，尤其是促进人口从农村向城市、从农业向工业进行转移。此外，随着劳动地域分工的扩大，城市规模的扩大和工业的发展会反作用于城市和乡村，使之加速融合，并加快人口从乡村到城市的流动。《资本论》对于城乡的研究和发展有如下描述："一切发达的、以商品交换为中介的分工的基础，都是城乡的分离。可以说，社会的全部经济史，都概括为这种对立的运动。"①事实上，"正如在先前各种更古老的土地所有权形式下一样，和城市人口相比，农村人口在数量上占有巨大优势，因此，尽管资本主义生产方式通常已取得统治地位，但相对地说还不大发展，从而在其他生产部门内，资本的积聚也是在狭小界限内进行的，资本的分散仍占优势。"② 在马克思的观点里，他认为整个社会经济史的形成都脱离不了城乡之间的对立，因为城乡的分离从某一个方面来说，就是指以物品价值利益交换为媒介的先进分工。

"资本主义生产使它汇集在各大中心的城市人口越来越占优势，这样一来，它一方面聚集着社会的历史动力，另一方面又破坏着人和土地之间的物质变换，也就是使人以衣食形式消费掉的土地的组成部分不能回归土地，从而破坏土地持久肥力的永恒的自然条件。这样，它同时就破坏城市工人的身体健康和农村工人的精神生活。"③ "因为殖民地的劳动者还没有和劳动条件以及他们的根基即土地分离，或者这种分离只是间或地或在极有限的范围内存在，所以，农业还没有和工业分离，农村家庭工业也还没有消灭。"④ "在现代农业中，像在城市工业中一样，劳动生产力的提高和劳动量的增大是以劳动力本身的破坏和衰退为代价的。此外，资本主义农业的任何进步，都不仅是掠夺劳动者的技巧的进步，而且是掠夺土地的技巧的进步，在一定时期内提高土地肥力的任何进步，同时也是破坏土地肥力持久源泉的进步。"⑤资本主义的生产形式是为了让农业和工业在对立发展的形式的基础上创造联合，所以尽管上面的生产方式会破坏农业和工业

---

① 马克思. 资本论（第一卷）[M]. 北京：人民出版社，2004：620.
② 马克思. 资本论（第三卷）[M]. 北京：人民出版社，2004：4495.
③⑤ 马克思. 资本论（第一卷）[M]. 北京：人民出版社，2004：810.
④ 马克思. 资本论（第二卷）[M]. 北京：人民出版社，2004：1321.

原有的联系，却也为他们需要的高级结合创造了物质基础。

其实马克思主义的城乡融合观很客观地描述了劳动分工给城市与农村从分离到结合带来的深远影响，分析了三大生产要素中的人口从农村迁入城市的原因，并指出城乡融合发展的推力是城市和工业的发展对人类生活环境的破坏。在中国城镇化推进中提到的"城乡共同发展"或"城乡一体化发展"，都是马克思主义的城乡融合观在中国的具体实践，城乡融合观作为我国城镇化建设的基础理论，在推进城镇化上发挥了重要作用。城镇化带来了人口分布格局的变化，甚至完全改变了一个地区的人口分布格局。

2.1.2　二元经济结构理论

著名发展经济学家刘易斯在其 1954 年所发表的《劳动力无限供给条件下的经济发展》一文中，首次对二元经济结构思想进行了阐述，并在其后续的《发展中国家的失业》《对无限的劳动力的反思》《再论二元经济》等 6 篇论著中进一步对该思想进行了补充和完善，进而形成了二元经济结构理论。二元经济中二元的含义是指一个国家高收入经济和低收入经济同时存在。所谓的高收入经济就是资本主义的生产单位选择城市作为生产地点的现代经济形态。低收入经济则与其相反，主要是指类似于传统农业这一类集中在农村的传统经济形态（Lewis，1954）。二元经济有三个特征，最主要的就是"现代"和"传统"单位共存；其次就是"受到收入差距的驱动，非熟练工人大量从传统部门向现代部门进行流动"；最后就是"在一定的收入条件下，现代部门对于劳动力的需求远远小于供给"（Lewis，1972）。

首先，二元经济结构里的收入差距导致了社会财富分配不均衡，这就成为农村里从事传统农业的人口流向城市里那些现代部门的主要推动力，同时也来自对城市中的无业者进行救济的社会兜底制度。其次，农村居民能够在城市获得更多的就业机会。这些从农村涌向城市的劳动力不仅提高了自身的生活水平，更重要的是他们的这一行为代表着农村的觉醒，知道现代世界的繁华，那些世代居住在农村的居民将会对外面的世界充满好奇，选择前往城市探索。最后，城市的收入比农村的收入水平高，农村居民为了获取更高的收入选择进入城市（Lewis，1954）。这些都是农村人口向城市迁移的原因，继而导致城市化现象的出现。二元经济也由此逐渐转变为一元经济结构。

二元经济结构理论在指导发展中国家的城镇化建设方面具有重大意义，该理论表明城镇化的最终发展方向就是要将农村大量存在的剩余劳动力引入代表着高劳动生产率和现代化产业的城市，进而一个发展中国家的经济结构就由二元变为了一元，简单地说就是完成了经济的现代化发展（简新华等，2010）。该理论对于我国的城镇化发展的实际意义有两点：其一，要想实现城镇融合一体化发展的现代经济，缩小多方面的差距的重要途径之一就是推动城镇化发展；其二，城乡差距、工业和农业的差距以及收入悬殊的问题都是推动城镇化发展的客观原因。

2.1.3 人口迁移理论

城镇化毫无疑问是影响区域人口分布的重要因素之一。如刘易斯（Lewis，1954）等学者而言，伴随着工业发展而兴起的城镇化是带动人口从农村流向城市的主要原因。人口迁移理论是诸多学者从人口学的角度对由城镇化所导致的人口流动变化进行研究的一套系统的理论体系。该理论体系中的核心理论有人口迁移定律、推力拉力理论、人口迁移引力模型、双重劳动力市场理论和新劳动力迁移理论。

2.1.3.1 人口迁移定律

在 1989 年出版的《人口迁移定律》一书中，英国统计学家拉文斯坦（Ravenstein，1989）研究了多个国家的人口数据，并根据不同国家的移徙情况进行针对性的分析，通过这些研究他总结出了 7 条人口迁移定律。这7 条定律大致可以被归纳为 3 个方面：迁移机制、迁移结构、空间特征。

具体见表 2.1。

表 2.1　　　　　　　　　　　人口迁移的 7 条定律

研究范围	类别	研究内容
迁移机制	经济规律	为了提高和改善生活质量而进行迁移
	城乡规律	农村居民的迁移动机大于城镇居民
迁移结构	性别规律	女性更倾向于短距离迁移，而男性的倾向程度明显较小
	年龄规律	迁移动机在不同年龄段人群中不同，中青年是迁移主力军
空间特征	距离规律	人口迁移规模随距离衰减，距离越远迁移规模越小
	递进规律	处于乡镇更外围区域的人口将会填补原有乡镇人口迁向城市之后留下的空白，这一过程会随着城市的影响减弱而不断衰减
	双向规律	人口流动是双向的，正向流动与逆向流动同时存在

就具体内容而言，这 7 条定律分别被总结为：第一，大城市或者城市中心在收入水平以及公共服务等方面的优势是吸引人口迁入的主要吸引力。第二，相较于农村居民，城市居民迁出的意愿明显较弱。第三，女性的迁移意愿明显强于男性，但是更倾向于短距离迁移。第四，在所有人群中，青年群体往外迁出的意愿最为强烈。第五，人口更倾向于短距离迁移。伴随着地理距离的增加，人口的迁移规模也呈现出递减的趋势。第六，在城市或区域内部，人口的迁移格局是层层递进式展开的。距离中心城市更近的乡镇因人口迁出而遗留的空白将由更外围区域的人口迁入来填补。因而，伴随着距离中心城市距离的扩大，人口的迁移规模是逐渐减少的，但是中心城市的辐射区域纵深不断加长。第七，区域内部的人口迁入和迁出现象是同时存在的，并且二者的迁移特征是大致相似的。拉文斯坦（Ravenstein，1889）所提出的上述人口迁移定律对于城市内部、城市与外围区域之间的人口迁移规律都进行了系统的梳理，具有较强的理论意义和现实意义，进而成为后续学者开展相关研究的重要基础。

2.1.3.2　推力拉力理论

深入描述人口迁移动因的推力拉力理论是由海伯尔（Heberle，1938）、博格（Bogue，1955）和李（Lee，1966）等学者提出。推力拉力理论是三位学者基于拉文斯坦（Ravenstein，1889）的人口迁移定律，对人口迁移进一步研究而得出的一套迁移理论。

海伯尔（Heberle，1938）首次在《乡村城镇迁移原因》一文中提出了城市与乡镇关于人口的"推力"和"拉力"概念。他在对德国的城市发展以及人口迁移状况进行研究以后，认为"存在于城市与乡镇之间的人口流动并不是单方面作用的结果，而是由推力和拉力共同作用所造成的。虽然形成推力和拉力的具体因素不同，但是对于人口的流动方向的影响并不存在差异"。

此后，博格（Bogue，1955）在海伯尔（Heberle，1938）的基础上，系统地梳理并最终形成了"推拉理论"（push-pull theory）。博格（Bogue，1955）从迁入地和迁出地分别对上述理论进行了详细阐释。形成原居住地的"推力"因素是多样的，既包括与居民自身紧密相关的收入水平、就业状况，也包括公共服务水平、自然资源状况等外部因素。由于迁入地区在上述所有或者部分方面具有较为显著的优势，进而对居民形成了一定的"拉力"，使居民离开原居住地。伴随着交通设施的完善和发展，人口在"推力"和"拉力"作用下的流动将加快。鉴于城市与乡镇之间的综合差距，城市所产生的"拉力"通常强于其"推力"，而大量乡镇的情况则与之相反。在海伯尔（Heberle，1938）和博格（Bogue，1955）之后，李（Lee，1966）完善和发展了人口迁移的推拉理论。李（Lee，1966）在对迁移人口总量、迁出人口、迁入人口以及各自特征进行分析的基础上，对影响不同迁移群体的推力和拉力进行了总结和分析之后，将影响人口迁移的因素大体归纳为四类：迁出地阻力因素（如家庭的纽带联系、熟悉的社会环境）、迁入地拉力因素（如更为公平的竞争环境和更为舒适的生活环境）、迁移过程障碍因素（如交通设施的落后以及较高的迁移费用）、自身影响因素（如身体状况、年龄大小）。

2.1.3.3　人口迁移引力模型

人口迁移定律和推拉理论在基于世界各国人口迁移数据的基础上对人口迁移的规律进行了总结，从多个方面对影响人口迁移的因素进行了分析。人口迁移引力模型从拉力与空间距离出发，参考物理学中的万有引力定律，主要分析空间距离与人口迁移规模之间的关系，并假设二者之间呈反比例关系。人口迁移引力模型经历了三代模型的发展：引力模型、中介机会模型和回归模型。齐夫（Zipf，1946）基于迁入地与迁出地的人口规模、区域之间的空间距离与人口迁移规模之间的关系提出的"互动假说"成为人口迁移引力模型发展的起源，具体的模型形式如下：

$$M_{ij} = K \times \frac{P_i \times P_j}{D_{ij}} \tag{2.1}$$

其中，M_{ij} 表示迁出地与迁入地之间的人口迁移规模，P_i、P_j 分别表示迁出地、迁入地的人口规模，D_{ij} 表示迁出地与迁入地之间的空间距离，K 表示常数比例。

齐夫（Zipf，1946）提出的人口迁移引力模型仅考虑了迁入地、迁出地人口规模以及二者之间的空间距离与迁移规模的关系，而忽略了迁移流向对于迁移人口规模的影响。斯托弗（Stouffer，1960）在齐夫（Zipf，1946）的基础上，进行了进一步的改进和完善，提出了将中介机会嵌入模型的中介机会模型，以反映人口的迁移流向的影响因素。他认为迁移人口规模与地区之间在收入水平、居住条件、生活环境等方面的中介机会高度相关。

洛厄里（Lowery，1966）在齐夫（Zipf，1946）和斯托弗（Stouffer，1960）的研究基础上，提出了考虑迁入地与迁出地在经济发展等方面差距的引力模型，使原有的模型更为全面和多元化。洛厄里（Lowery，1966）采用迁入地和迁出地的工资水平、就业岗位、公共服务水平比值进一步分析了影响人口迁移的因素。分析结果显示，人口的迁移规模和方向并不是始终不变的，在人口由低收入区域向高收入区域达到某个时点以后，迁入地的劳动力供给将会超过需求，进而工资水平会下滑。同时，迁出地可能具有超过迁入地的吸引力，进而反转人口流向。需要注意的是，即便迁入地与迁出地之间在收入水平、就业岗位等方面并不存在差异，区域的人口总量以及空间距离仍然可能引起人口随机流动的现象。

2.1.3.4　双重劳动力市场理论

由于传统的迁移理论仅考虑区域之间的人口迁移，而未对城市内部的人口迁移和分布进行研究，造成了研究空白，多里尔格和皮奥雷（Doerillger and Piore，1971）提出了重点考虑城市内部劳动力迁移的双重劳动力市场理论。由于产业配套分工的不同，城市内部存在收入较高、成长空间较大的主导产业部门以及与之相对应的配套产业部门。从数据分析来看，城市居民通常会选择主导产业部门进行就业，而由城市外部迁入的居民大多只能被迫选择吸引力较弱的配套产业部门。因而主导产业部门存在供给小于需求的状态，而配套产业部门对于城市居民的吸引力较弱。在大量人口仍源源不断流入城市的背景下，在不同产业部门间劳动力的分布造成了城市的失业率偏高。

2.1.3.5　新劳动力迁移理论

美国经济学家斯塔克（Stark，1991）在从微观层面对大量家庭的迁移动机、决策以及迁移去向进行分析的基础上，提出了更强调家庭整体的新劳动力迁移理论。该理论认为迁移行为并不是个人行为，更多的是以家庭作为出发点。与传统的劳动力迁移理论不同，新劳动力迁移理论认为人口在作出迁移决策时不仅将收益最大化作为衡量标准，同时风险以及可能出现的问题也是重要的预算约束。因而，居民在作出迁移决策时不仅将收入作为单一的考虑因素。具体而言，新劳动力迁移理论包括三个重要方面：

一是风险分散。农村人口所面临的困难就是单一的生活来源而造成的过高风险。在部分家庭成员进入城市工作以后，家庭原有的风险将会被一定程度地分散，进而成为家庭成员之间的一种隐性契约。另外，由于城市的收入水平明显高于农村，且大量的工作岗位更为偏向青年人，因而，会有更多的农村家庭子女进入城市工作，以增加家庭的收入和降低家庭所面临的预期风险。

二是经济约束。除了风险分散以外，经济约束是推动农村劳动力向城市转移的又一大动力。在资本相对稀缺的农村地区，农村家庭面临比城市家庭更高的信用和资金约束。家庭成员进入城市工作，一方面为家庭带来了更多的收入，另一方面，家庭收入的增加将在较大程度上缓解由于当地资本市场的不发达给农村家庭带来的信用和资金约束。

三是相对剥夺。人口的迁移决定还与周边群体的对比情况有关。斯塔克（Stark，1984）认为当居民发现相较于周边其他人群，自己的生活状态或水平处于相对劣势时，居民会产生一种被剥夺感。在这种相对剥夺感觉的推动下，一些居民个人或家庭将会作出迁移的决定。所以，迁移群体不仅仅受收入水平、公共服务水平等绝对值的影响，还与相对剥夺所产生的相对值有着紧密的联系。

人们是否决定迁移不仅与收入水平、公共服务等方面息息相关，获取信息的能力也是一个重要的方面。在决定是否进行迁移时，人们需要通过获取充足的信息来进行衡量。只有当收益超过成本时，人们才会决定迁移（Massey，1990）。人口迁移理论的意义在于揭示出人们是如何作出迁移决策的。在推进城镇化的发展过程中，单纯来自政府层面的推动是不足够的，还需要充分考虑迁移人口对于收入水平、自然环境以及其他方面的需求。只有当社会制度环境趋于稳定、整体的迁移成本不断降低，迁移人口能够获得关于当前以及未来稳定的预期收益时，人口的迁移意愿才能够得到提高，进而城镇化的发展也才是可持续的。

2.1.4　中心地理论

克里斯塔勒（Christaller，1968）在图能（Thünen，1875）的农业区

位论和韦伯（Weber, 1909）的工业区位论的基础上，详尽地对中心地理论进行了阐述。伴随着经济社会的不断发展，城市中的社会生活形态已经发生了较大改变，但是城镇中的集中特征仍然保持不变。虽然城市中心抑或是区域中心的外部显像特征在逐渐消失，但是城镇的核心职能仍然保持不变。克里斯塔勒（Christaller, 1968）根据职能水平将区域中心划分为四个层级——较高级中心地、较低级中心地、最低级中心地、辅助中心地。需要说明的是，四个层级之间并不是稳定不变的，而是会根据市场大小、交通便利、管理有效性等原则不断变化。决定城市中心作用的是提供"中心商品和中心服务"的能力，而并不是根据"人口重心"来进行判断。克里斯塔勒（Christaller, 1968）将城市外围的区域定义为"补充区域"。他认为例如市场区域、辐射区域等词汇更多的是从国际贸易的角度来进行分析，因而有所不当，"补充区域"能够对城市与乡村之间的一种互补关系进行充分的论述。

与此同时，克里斯塔勒（Christaller, 1968）对人口分布和中心商品销量的关系进行了论述。他认为，在人口分布密度较高的地区，人们对于中心商品的需求更为强烈。当人口在一地区呈现均匀分布时，中心商品的销量会偏低；而当人口的分布形态为集中分布时，中心商品的销量则会增加。从人口的文化水平来看，文化水平层次越高的人群对于中心商品的需求也更为强烈。因此，克里斯塔勒（Christaller, 1968）认为在农村人口向城镇人口转变的过程中，人口对于商品的需求也会发生改变，进而加速城镇化的发展。伴随着城镇化水平的提升，人口的集中居住程度不断提升。另外，由于城市中心区的收入水平高于散居区，人口的收入水平也将提升。大量的散居人口将会从适应分散商品的消费转变为适应中心商品的消费。克里斯塔勒（Christaller, 1968）认为城镇化不仅仅是人口的居住形态的变化，同时人口关于消费品形态的变化更为关键。

中心地理论是农业区位论和工业区位论的延伸。克里斯塔勒（Christaller, 1968）的中心地理论是从城镇的职能和人口对于不同商品的需求的角度来进行讨论的。很大程度上，中心地理论可以被视为"城市区位论"。中心地理论摒弃了从主导产业来进行分析的架构，更多地从人口向中心区域集聚过程中，城市中心等级体系和居民关于消费商品类型的演变对城市所扮演的中心角色来进行分析。中心地理论对于城镇化的发展和推进具有较强的启示作用。区域内的城镇会随着人口流动而形成不同的等级，正确认识到这一规律，并通过交通干线在不同等级城镇中搭建合理的空间网络体系，对于促进区域内部交流和城镇化的持续发展具有重要的意义。

2.2　人口分布特征与影响因素的相关理论

2.2.1　集聚经济理论

集聚是指生产活动以及相关生产要素在地理空间上不断集聚的过程。造成集聚现象发生的最主要因素是集聚对于生产活动所带来的效益提升。具体而言，集聚效益可以分为内部效益和外部效益两类。各国政府、企业以及个人对于城镇化普遍持有积极态度的一大原因就是，城镇化的出现和发展可以促进资源要素的集聚，进而使成本降低和效益提升。基于此，集聚经济一直被国内外众多学者视为城镇化发展理论的主要基石之一。自韦伯（Weber，1909）首次提出"集聚经济"以来，该理论在马歇尔（Marshall，1920）、克鲁格曼（Krugman，1993）等经济学家的共同努力下已经逐渐完善。

经济学家、社会学家韦伯（Weber，1909）以德国作为研究对象，认为在社会朝工业化发展的过程中，工厂为了效益最大化和节省成本，往往会导致集聚自发形成。另外，他还认为和集聚相关的理论体系已经比较成熟和完善。第二产业区分布的影响因素分为两类：一类是"地区性因素"，它影响工业在不同地区的分布；另一类是"集聚因素"，在区域产业布局中，它把产业集中在特定区域（Weber，1909）。在韦伯（Weber，1909）

看来，集聚并不是单纯的集聚，而是同时包含集聚和分散两类因素。集聚要素就是使区域优势最大化，降低区域生产成本的要素；而分散要素则是使生产分散，分别产生优势的要素（Weber，1909）。从上文可知，分散要素和集聚的倾向关系是相反的，在一定情况下，有效的实际集聚能力产生于分散要素和集聚要素平衡后的差值（Weber，1909）。在各类研究中，一般将集聚的产生过程分为两个阶段，均受到诸如生产设备变得先进、劳动群体规范化、市场化因素、日常费用和经济地租等多种集聚因素的综合影响（Weber，1909）。第一阶段，即初级阶段，通过增强公司的生产规模，发挥规模经济的作用，从而产生集聚优势；第二阶段是最为关键的高级集聚阶段，产业中的关联效应将企业的生产进行集中（Weber，1909）。他同时指出了集聚产生的四个条件：第一，在边界运费线集中化时，集聚会选择更高的集聚地区，反之就会向更低的地区集聚。第二，集聚地往往在临界等运费线的交叉部分产生。如果临界等运费线的距离越大，则公共区域越小。第三，生产规模大有利于集聚，未发生集聚的单元随着生产规模的扩大将可能产生集聚现象。第四，集聚具有自我增强效应，不仅面积会扩大，程度也会加深（Weber，1909）。

韦伯（Weber，1909）从区位优势以及集聚等方面对大量企业在地理空间上的"抱团"现象进行了分析。而马歇尔（Marshall，1920）在其所著的《经济学原理》一书中，则将外部规模经济视为企业在地理空间上进行集聚的根本驱动力。他认为，正是由于大量企业在空间层面的集聚（他将企业所集中的区域称为工业园区），所以企业之间产生了正向的推动力。地方工业园区的产生是多种因素的共同作用，首先是自然区位条件，其次还有企业间的技术外溢效应和专业劳动市场，这些因素共同组成了外部规模经济形成和发展的基础。由于技术外溢往往与距离存在显著的反向关系，进而能够吸引大量的企业在较小的空间内形成集聚。马歇尔（Marshall，1920）指出：处于邻近区域的企业之间，在生产技能等方面几乎都是不存在秘密的；技术分享的一大益处就是能够有效地促进制造方法以及企业组织管理方法的改进；人与人之间的信息更容易产生融合，进而成为创新的源头。

　　当生产企业在某个区域进行集聚式生产时，大量的辅助企业也会随之前往，进而形成所谓的产业集群，并进一步降低企业所面临的各种生产成本。辅助企业虽然是生产体系中的一小部分，但是通过对原材料有效地管理和运输，能够促进该区域生产率的提升（Marshall，1920）。在生产企业和辅助企业集聚的同时，大量的专业技术人才也在空间上集聚，形成了专业劳动市场。人才洼地的形成大大地降低了企业与专业技术人才的双向匹配成本。马歇尔（Marshall，1920）认为，企业家会去有成熟的技术工人的区域，有成熟的技术工人也会到需要他们的企业去；因为企业的生产需要有技能来填充，一个工厂仅有大量的非专业技术人员并不能运转，它需要专业的技术人员来主导生产活动；同样，具有专业技术的工人离开，也不容易寻求其他补救方法。另外，马歇尔（Marshall，1920）还认为，交通工具的优化对产业在一个地方的集中分布不仅有加强效果，还可能会有减弱效果。

　　总体而言，规模报酬不变和完全竞争是马歇尔（Marshall，1920）开展空间集聚分析的基础，但这与现实不符。于是在马歇尔（Marshall，1920）的基础上，新经济地理学派的代表人物克鲁格曼（Krugman，1993）、富士田等（Fujita et al，2001）等将空间集聚的假设条件改为规模收益递增且不完全竞争，结合了国际贸易理论、生产要素空间布局理论、研究经济活动区域的理论和新增长理论，提出了更完整的集聚经济理论。新经济地理学派通过参考"中心外围模型、城市体系模型、D－S 模型和新国际贸易模型"建立的具体化研究框架完善了集聚经济理论。新经济地理学派给出两个假设条件的依据是迪克西特和斯蒂格利茨（Dixit and Stiglitz，1977）构建的垄断竞争模型满足一般均衡理论的要求，且规模收益递增更加体现了市场结构的真实性，更加符合现实，同时结合了产品在运输过程中会有损耗的冰山运输成本理论来实现运输环节的建模（Fujita et al，2001）。中心外围模型从生产企业的角度出发，以规模报酬递增、运输成本和劳动力流动三者相互作用的基础来对地理空间内经济结构的形成和演变进行分析。中心外围模型通常假设一个经济体由现代部门和传统部门，即制造业和农业组成。在模型中，劳动力的供给是维持不变的，只是在上述两个部门之间进行分配。另外，农业的生产资源是外生且均匀分布的。当一地区现代部门产生的前向和后向关联效应超过另一地区时，所有的制造业都会集聚在同一地区，进而形成中心外围模式（Krugman，1991）。克鲁格曼（Krugman，1991）尝试对空间的连续性进行研究，以增强中心外围模型的适用性。在被其称为"轨道经济（racetrack economy）"的特例中，城市处于相互相连的圆周区域，制造业为随机分布，而农业则是均匀分布的。在这一特例中，克鲁格曼（Krugman，1991）认为随着要素的不断流动，制造业并不会随着城市规模的不断扩大而扩散，只会集中于一个城市。传统国际贸易模型经过克鲁格曼和维纳布尔斯（Krugman and Venables，1995）的完善，能够更好地解释个体聚集转变为整体集聚的原因，而且较低的贸易费用会让国家拥有更为专业化的生产模式以及国家和国家之间的一个中心外围集聚模式。核心地与边远地区间较低的贸易费用成为核心地区面积变大的推力，使国际地位不平等的问题加剧。

2.2.2　城镇发展理论

城镇发展可以从宏观和微观两个角度来看，宏观就是数量上的变化，微观就是城镇在土地面积、居民数量、城市基础设施完善程度、经济发展情况等方面的增加和改变（于显洋、任丹怡，2016）。城市发展的实质就是各类数量的增加以及结构的演进，与之不断演进的则是城市发展理论的完善。到目前为止，具有代表性的理论有：着重从经济发展视角来分析的非均衡增长理论；将经济、环境和人口等因素并重的城市综合发展理论。

2.2.2.1　非均衡增长理论

非均衡增长理论认为，在一个连续的空间上，通过核心城市、农村地区和运输干线共同建立"核心边缘"空间网络架构，核心城市利用集聚效应加速自身的发展，并对周围地区的发展产生显著的空间溢出效应。该理论的主要代表有从"磁极"概念发展而来的增长极理论、循环累积理论和核心边缘理论。

20 世纪 50 年代，佩鲁（Perroux，1950）在对制造业的各个部门进行研究后发现，经济增长是由一个"引擎"（即增长极）所推动的，而非传统经济学所认为的均衡式发展。在佩鲁（Perroux，1950）的研究中，经济发展不会同时在多个地方出现，而是在某一个增长点上出现；经济增长的点是该地区某个产业的重要经济部门，这个部门快速发展，由点到线再到面带动整个地区的经济增长；外部和内部产量增加值大于投入量增加值以及创新都是推动型单位作为推动力的表现形式。推动型单位有着强大的市场、政治和社会感染力，进而可以得到其他部门不具有的资源，单位的规模随着生产要素的增加而扩大，带动上下游企业共同繁荣，最后带来整个城市的经济繁荣。佩鲁（Perroux，1950）的增长极理论详细阐述了增长极部门对其他部门的推动和制动效应，但正如布德维尔（Boudeville，1966）所说：佩鲁（Perroux，1950）描述的空间不具有地理空间的特性，但是推动型单位的区域结构对区域经济的发展模式具有长远且深刻的影响。

弗里德曼（Friedman）1966 年发表的《区域发展政策：以委内瑞拉为例》一文描述了核心边缘理论的主要思想，随后在他 1972 年出版的《极化发展理论》一书里进行了一定的补充和完善。关于创新，弗里德曼（Friedman，1966，1972）的观点是：创新包括了技术手段和管理制度的创新，一个区域的经济从萧条到繁荣需要不间断的创新。值得强调的是，区域的创新基本只在一个核心区域发生，然后再向外扩散，最后推动整个地区的经济发展乃至繁荣。区域经济一体化是区域经济持续发展的最后结果。在该过程中，区域的空间体系会由解散到重组，最终走向区域经济一体化的格局。

2.2.2.2 城市综合发展理论

城市发展带来经济增长的同时也使环境被破坏，不可再生资源缺乏以及一些城市病等问题都展现在人类面前。为了解决这些问题，城市综合发展理论被提出。在众多理论中，生态田园发展理论和可持续发展理论是主要代表。

生态田园发展理论的主要内容包括田园城市理论（Howard，1898）、有机疏散理论（Saarinen，1943）和广亩城理论（Wright，1943）。霍华德（Howard，1898）提出了田园城市理论。他认为和谐的"城乡一体化"的新型社会架构将是对传统的"城乡对立"的代替。城市与农村并不是孤立的，因而应该将二者作为整体来进行分析。在具体分析时，应该着重发挥城市与乡村各自的优势来对城市发展进行规划。萨里宁（Saarinen，1943）从城市不断集聚所产生的城市病出发，提出了"有机疏散理论"。他认为在大城市人口不断增加的背景下，只有通过产业的外迁、新城的新建、基础设施的提高和完善等来对原有的城市环境进行改善和修补，进而能够建立生产与生活相合一的城市环境。赖特（Wright，1935）则认为城市的布局和选址应该从农业出发，以农业的区域布局网格作为城市发展的具体依据。只有在这样的情况下，制造业与农业的相互发展才是和谐的，城市与乡村的构造才是一体的。

2.2.3 地方化经济与城市化经济理论

2.2.3.1 地方化经济

经济活动在城市地区的集聚将促进总收益的增加并通过生产成本的降低形成规模经济，这也是经济活动集聚效应的源泉所在。马歇尔（Marshall，1890）基于新古典经济学从共享中间产品（input sharing）、劳动力蓄水池（labor pooling）和地方化的技术溢出（knowledge spillover）三个方面就集聚效应对于经济发展的影响及其路径进行了讨论。这三个方面的外部性也被称为"马歇尔外部性"。在马歇尔外部性的作用下，属于同一产业的企业向某一地区聚集，进而产业的生产集中度显著提高，这一过程也被称为"地方化经济（localization economies）"。迪朗东和普加（Duranton and Puga，2004）在马歇尔（Marshall，1890）以及其他学者的研究基础上将这三个方面进一步总结归纳为三个微观机制：共享中间产品、劳动力蓄水池和技能匹配、地方化技术外溢。

（1）共享中间产品。在地方化经济的过程中，由于同一产业的企业在城市的集聚使得企业间生产要素的共享成为可能，企业的生产效率和成本控制都将得到进一步的提升。阿卜杜勒和富士田（Abdel and Fujita，1990）通过引入一个差异化中间产品模型对企业间的这一中间产品共享过程进行了理论阐述。在厂商的生产规模相同的前提下，某一专业化于产业 i 的城市的总产出可以表示为：

$$Y_i = \left[n_i \left(x_i \right)^{1/(1+\varepsilon_i)} \right]^{1+\varepsilon_i} = (L_i)^{1+\varepsilon_i} \tag{2.2}$$

其中，x_i 表示被产业 i 所共享的具有差异化的中间产品，中间产品的不变替代弹性为 $(1+\varepsilon_i)/\varepsilon_i$，$\varepsilon_i > 0$。从式（2.2）可以看出，表示中间产品种类的 n_i 越大，行业产出规模 Y_i 也随之增加。同时，中间产品对于产出规模的影响还可以通过城市规模来反映。当表示城市规模的 L_i 增加时，行业产出规模 Y_i 也将进一步扩大，并且城市产业集聚的边际效益随中间品差异化程度 ε 的增加而增加。不足的是，上述基本模型并没有考虑不同的区域之间进行的产品运输以及其他相关成本，阿卜杜勒等（Abdel et al，1996）在考虑制成品的区间交易成本的基础上，认为城市面临通过产业专业化发展以实现地方化经济和通过发展多部门经济以降低交易成本之间的两难取舍。在区域一体化程度较高的地区，城市发展地方化经济的倾向将更为突出。

（2）劳动力蓄水池和技能匹配。除了中间产品的共享之外，能够显著降低企业用工成本的专业化劳动力共享是地方化经济的另一主要来源。克鲁格曼（Krugman，1991）采用边际收益不断减少同时劳动生产率随时可能受到冲击的一个生产函数进行了论证，伴随着更多因为产品异质性而导致竞争增加的厂商进入并对当地劳动力市场进行分享时，劳动力市场的共享使厂商的劳动力需求对异质冲击的弹性下降。劳动力在空间上的集中分布所产生的集聚效应将有效地趋缓边际收益不断减少的速度，市场中的厂商都能够获得一定程度的利润增加。埃里森和弗登博格（Ellison and Fudenberg，2003）认为克鲁格曼（Krugman，1991）关于地理位置处于分散的厂商取得均衡状态时的分析具有一定的瑕疵：当厂商实现空间均衡时，单个厂商并不能够通过改变地理空间中的区位来实现利润的增加，而不是克鲁格曼（Krugman，1991）提出的区域间预期利润相等。当厂商进入更大规模的市场时，所面临的工资竞价也将有所不同，劳动力蓄水池所产生的收益效应也将随之改变。埃里森和弗登博格（Ellison and Fudenberg，2003）指出，克鲁格曼（Krugman，1991）所提出的空间均衡只是多重均衡条件下的区域均衡的一个特例。劳动力蓄水池效应的另一个益处在于降低了企业和劳动力之间的匹配成本。赫尔斯利和斯特兰奇（Helsley and Strange，1990）提出了一个企业和劳动力的匹配模型，假定企业对于劳动力的实际需求和劳动力所具有的专业技能为分布在单位圆的圆周上的不同点。企业的实际需求和劳动力所具有的专业技能的不匹配被表示为点与点之间的距离。随着市场中参与的企业和劳动力数量的不断增加，单位圆圆周上的点的密度也将增加，进而企业的需求和劳动力的技能之间的不匹配程度将降低，企业为消除不匹配所付出的培训成本也将减少。维纳布尔斯和利毛（Venables and Limao，2002）则分析了生产集聚条件下的劳动力的匹配与流动。在劳动力市场中，低技能劳动者可以通过与高技能劳动者的合作实现工作中的"搭便车"，进而获得与其技能并不匹配的工资收入。而具有高技能的劳动者则常常选择通过向同一劳动力市场集聚以获取与之技能相匹配的工资收入。在生产集聚的背景下，高技能的劳动者将进一步集聚在城市中心，但是技能较低的劳动者则主要集聚在外围地区。

（3）地方化技术外溢。产业集聚所带来的技术外溢是推动地区经济发展的重要推动力。在现代信息技术快速发展的背景下，规范化的显性知识已经得到广泛传播，但是经济价值更高的隐性知识（tacit knowledge）通常仅限于面对面的交流，进而造成了隐性知识的传播成本高，只有在空间区位上临近的企业才有可能参与分享并获益（Glaeser，1998；Porter，1998）。技术溢出不仅仅对于企业，更对于推动区域的发展具有重要的作用。迪迈等（Dumais et al，2002）研究发现，技术溢出将显著促进企业数量的增加。卡马尼等（Camagni et al，2017）证明技术的溢出效应与地理距离具有紧密的关联。伴随着周边区域与核心区域距离的增加，技术的溢出效应会逐渐减弱。在此背景下，创新型企业往往在较小的区域内以产业集群的形式集聚。迪朗东和普加（Duranton and Puga，2004）进一步完善了技术溢出对于产业集聚的影响机制。技术溢出将推动区域在新技术的研发、扩散和积累，进而提升整个区域的技术水平，从而为城市及其产业实现卢卡斯（Lucas，1988）所提出的内生增长提供动力。

2.2.3.2　城市化经济

与主要关注于空间范围内同一产业厂商集聚所带来的外部溢出效应的地方化经济理论不同，雅可布（Jacobs，1969）则认为产业的多样化集聚能够带来更大规模的人才集聚和知识扩散，更多的新兴产业和增长点将会不断出现，进而形成"城市化经济（urbanization economies）"。需要说明的是，城市化经济的关注点并非仅仅着重于城市，更重要的是关注随着区域规模扩大所带来的规模经济和范围经济。雅可布（Jacobs，1969）认为"城市化经济"的形成和发展具体有五个阶段：（1）在为经济发达国家或地区提供简单工业制成品的同时，区域内部的相关产业将得到培育；（2）伴随着地方企业出口规模的增加，更多的上游企业将得到建立和发展；（3）城市的工业体系逐步完善，能够自行生产并替代进口产品，并且呈现出较快的发展趋势；（4）城市的出口产品结构更为多元，出口产业与地方经济之间的关系更为紧密；（5）城市的出口规模不断扩大，其能够替代生产的进口品的种类也不断增加。阿吉拉尔等（Aguilar et al，2003）指出区域产业的良性发展需要市场、劳动力供给和资本投入等相关因素在市场机制下实现一致且协调的有机运作。

推动地方化经济发展的因素对于城市化经济同样具有显著的推动作用（O'Sullivan，2012）。首先，城市范围内所形成的金融服务、贸易服务、物流服务以及政府所提供的基本公共服务等都能够被厂商所共享。在规模化供给的基础上，厂商获取中间产品和服务的成本将显著降低。其次，规模较大的城市具有多样化的专业需求，因此接受过高等教育的人才在大城市往往具有更多的就业机会，这使得大城市能够吸引更多的人才流入进而增强其技术创新能力（Drucker，2016；Nannestad，2017）。在多样化的人才交流过程中，专业的知识和技能的应用将变得更为广泛，厂商能够从专业的人才交流过程中获得一定的收益；此外，城市化经济具有成为经济稳定器的功能。在经济发生波动时，某个行业失业的劳动力可以依赖于城市的产业多样化跳槽到其他产业来实现就业，进而实现劳动力市场的稳定。诸多学者研究认为，城市化经济是推动知识的创造和积累、新思想的培育以及新产品的研发与生产的摇篮。奥德斯和费尔德曼（Audretsch and Feldman，2004）研究发现，技术的溢出效应不仅仅局限于产业内部，同时在不同的产业之间也会出现。地理空间上的毗邻为专业知识的交流和获取创造了有利的条件，为新产品的不断出现创造了基础条件。迪朗东和普加（Duranton and Puga，2000）认为，虽然推动地方化经济形成的同一产业集聚有利于降低因城市拥挤而形成的额外成本，但是不利于不同类型的技术和知识进行扩散。另外，当产业部门遭遇技术冲击时，同一产业的集聚模式也难以对风险进行分散。基于此，迪朗东和普加（Duranton and Puga，2001）针对创新企业以及城市集聚的特点提出了一个创新企业集聚模型，指出产业多样化发展的大城市有利于降低企业因尝试新技术和新生产工艺而产生的成本。另外，当生产工艺成熟以后，企业可以通过迁移到专业化区域进一步降低拥堵成本。在此模式下，产业多样化发展的大城市就成为新企业的"孵化器"。另外一些研究显示，企业总部集聚与城市化经济具有紧密的关系。阿兰德等（Aarland et al, 2007）的研究结果表明，大型企业集团具有将会计、法律和广告等商务服务外包的倾向。在产业多样化发展的大城市，不同类型的企业都能够享受到更为多元的社会生产服务所带来的收益。迪朗东和普加（Duranton and Puga, 2005）认为现代经济中的分工将不再仅限于产业分工，城市之间的分工已经成为重要部分。大城市在人才、资本等方面具有明显的优势，因而应专注于商务、研发等服务功能；而一般的中小城市将致力于标准化的产品生产。

2.3　理论逻辑

　　本书的理论逻辑：首先是对本书的写作思路进行阐述；其次是对研究对象特殊性的进一步诠释；最后是对本书选择的核心理论和相关理论的作用及其合理性进行阐述。

　　本书的写作思路大体如下：首先，归纳总结当前国内外学术界关于人口分布的研究方法、研究现状和影响因素，找出在人口分布方面的研究空白，结合本书所研究的三峡库区来确定选题并找出研究的创新性和研究意义等。同时通过对城乡融合观、二元经济等理论的梳理，为本书的研究作好理论铺垫。其次，从人口分布特征出发，从总体特征、空间分布特征和差异特征三个方面分别对小城镇和村庄的人口分布状况进行分析，同时也成为后续开展影响因素分析的基础。然后，从影响因素分析方面来对前一部分的研究进行扩展，采用适合、恰当的计量经济学分析方法分别探讨影响小城镇和村庄人口分布的因素。最后，对研究所得出的结论进行分析和总结，并从小城镇和村庄层面分别对三峡重庆库区未来的人口变化趋势进行分析和提出相应的对策建议。

　　与西方国家不同，中国自古以来都是一个农业大国。根据国家统计局公布的资料，截至 2019 年 12 月，中国的城镇化水平为 60.60%，意味着仍然有接近 40% 的人口居住在农村。由于社会形态、发展路径等方面的不同，西方国家小城镇的数量明显较少，大量的人口都已经成为城市人口。因而，西方学者并未对小城镇或农村展开大量的研究，即便是关于农村人口的研究，也是基于城市郊区这一地理形态，如朗和芬克（Lang and Fink，2018）、阿雷格里特等（Alegret et al，2018）。即便在中国内部，由于地形及交通条件的不同，中西部地区小城镇与大城市的联系明显弱于东部地区。以本书的研究对象——三峡重庆库区为例。三峡重庆库区兼具大山区和大库区这两大特点。大量小城镇的分布较为孤立，与区县的核心城区距离较远，经济等方面的联系较弱。因而这些小城镇更成为当地农村的政治、经济和文化中心。要实现三峡重庆库区的乡村振兴和安稳致富，从小城镇层面进行展开，从村庄层面进行深化成为必要的前提。

本书主要研究的是小城镇和村庄的人口分布及其影响因素，进而必然涉及城乡间的分离与融合，无论是马克思的城乡融合观还是刘易斯的二元经济理论都是对于城乡关系的系统论述。另外，虽然本书研究的是小城镇和村庄人口的现状，但是与人口的迁移密不可分。因而对拉文斯坦等的人口迁移理论和中心地理论的系统论述能够为本书的第 4 章和第 5 章作理论铺垫。小城镇和村庄的延续和发展并不是孤立的，还与其他城镇以及城市的发展紧密相关。基于此，本书从集聚经济理论和城镇发展理论两个方面进行了相关论述，进而使得本书的理论体系更为完整。此外，小城镇和村庄的人口分布是历史及现实人口流动的结果，小城镇和村庄的人口流动又是城乡关系变化的结果，是城乡产业结构、社会关系、生态环境等变化的结果，因此，研究小城镇和村庄的人口分布，还必须研究影响小城镇和村庄人口分布因素，特别是影响小城镇和村庄的人口流动的因素。

2.4　本章小结

理论是指导实践的重要武器，文献梳理有利于明晰现有研究进展，有

利于找准深入研究的方向，是本书开展专题研究的重要基础。本章主要对

人口分布特征及其影响因素的相关理论和国内外研究现状以及三峡重庆库区的发展背景进行了分析和梳理。

理论研究的回顾表明，人口分布特征的研究特别是小城镇及村庄人口分布特征的研究基础较为扎实。与人口分布特征紧密相关的观点或者理论主要有 6 个：马克思主义的城乡融合观、刘易斯的二元经济结构理论、拉文斯坦等学者提出的人口迁移理论、克里斯塔勒的中心地理论、韦伯提出的集聚经济理论以及佩鲁和弗里德曼等学者的城镇发展理论。

从当前中国特别是三峡重庆库区的情况来看，人口分布特征及其影响因素是一项既老又新的研究课题，随着经济社会的发展，该项研究的重要性越来越突出。首先，三峡库区的发展已经进入了"后三峡时期"，其中安稳致富成为当前的一大主题，而安稳致富与城乡人口的多寡，人口集聚效应的发挥有着紧密的联系；其次，乡村振兴成为我国当前以及未来较长一段时期的重要战略。乡村振兴战略的主体和核心依然是人口，如何精准有效地推进乡村振兴战略与人口的分布特征及其影响因素有着直接的关联。人口分布与生态文明建设有着直接的联系，三峡重庆库区当前的生态压力较大，而小城镇或村庄人口分布集中区域的生态压力将更为突出。

第3章

三峡重庆库区独特的发展背景分析

无论是根据刘易斯（Lewis，1954）还是格拉泽（Glaeser，2012），抑或是周其仁（2014）的研究观点，小城镇或村庄人口的流动主要是受到外部因素的影响，特别是大中城市工业化、城镇化等方面的提升，进而在工资水平、基本公共服务等方面造成了区域的差异，从而吸引了小城镇或村庄人口的外流。本书第3~6章主要是从小城镇或乡村层面对人口分布及其影响因素进行分析，要对当前三峡重庆库区小城镇的人口情况进行充分的了解，对区域整体、重庆市以及吸引大量人口流入的沿海发达地区进行宏观环境的对比分析则显得十分有必要，也是为具体的分析做相应的铺垫。赵梓渝和王士君（2017）根据百度迁徙数据研究发现，重庆在2015年春节期间有大量的人口流入，在节后则有大量的人口流出，说明重庆是人口对外输出的主要区域之一。北京、江苏、上海、浙江、福建、广东则是我国人口主要的流入区域。另外，易莹莹和凌迎兵（2015）认为，由于经济发展水平等方面的差异，重庆存在内部的劳动力流动特征，即外围区县的流动人口会向重庆主城流动。

如格拉泽（Glaeser，2012）所言，影响区域人口流动的因素是多样的，其中经济发展水平、产业结构和城镇化进程是最主要因素中的三个。同时，参考过去以及当前三峡重庆库区以及重庆市经济社会发展的实际情况，本书遵循格拉泽（Glaeser，2012）的思路从这三个方面对三峡重庆库区的发展背景进行分析。

3.1 三峡重庆库区经济发展背景分析

三峡重庆库区地处重庆腹地，在三峡工程兴建以前，经济社会发展较为缓慢。但是在三峡工程开始兴建之后，受到政府政策支持等方面因素的影响，三峡重庆库区在经济社会的多个方面都呈现出了较快的发展速度。三峡工程是一项巨大的基础性工程建设，其对于劳动力以及各项物资的大量需求推动了三峡库区以及周边地区经济社会的发展；另外，中央政府与地方政府都投入了大量的资金来实现库区人民的安稳致富和地区的快速发展。截至 2011 年，三峡工程兴建以来，其动态投资金额达到 2485.37 亿元[①]。2011 年国务院通过的《三峡后续工作规划》对三峡库区的总投资达到了 1238 亿元，其中对重庆的投资约为 800 亿元，即平均每年投资约 80 亿元[②]。这些投资极大地推动了三峡重庆库区的发展，但是与重庆全市以及东部沿海地区相比，仍然存在一定的差距。本书将三峡重庆库区、重庆全市以及地处东部沿海地区的北京、江苏、上海、浙江、福建、广东六省市的 2011~2015 年的数据进行了对比分析。选择这一时间段的主要原因在于，本书研究的主要背景是从"后三峡时期"出发，且本书的研究数据是 2015 年。将东部沿海地区的代表省市选为上述省市，主要是基于实际的经济情况以及赵梓渝和王士君（2017）等学者的研究情况。具体结果见表 3.1。

---

① 资料来源：重庆市移民局发布的《三峡工程重庆库区对口支援移民工作阶段性总结研究报告》。

② 资料来源：重庆市水利局《三峡后续工作规划优化完善意见（2014）》。

表 3.1　　　　　三峡重庆库区与重庆、东部六省市 GDP 对比分析

地区	2011 年		2012 年		2013 年		2014 年		2015 年	
	GDP (亿元)	增速 (%)	GDP (亿元)	增速 (%)	GDP (亿元)	增速 (%)	GDP (亿元)	增速 (%)	GDP (亿元)	增速 (%)
三峡重庆库区	4000.11	29.13	4530.63	13.26	5062.21	11.73	5609.57	10.40	6206.90	10.65
重庆全市	10011.37	16.42	11409.60	13.97	12783.26	12.03	14262.60	11.57	15717.27	10.20
东部六省市均值	24974	10.96	27065	8.37	29693.5	9.71	32110.83	8.14	34392.5	7.11

资料来源：2011~2016 年的《重庆统计年鉴》和国家统计局数据。

　　根据表 3.1 可知，在 2011~2015 年，三峡重庆库区的经济一直保持了较快的增长速度，即便是在经济增长速度最慢的 2014 年，增长速度也达到了 10.40%。与重庆全市的对比来看，三峡重庆库区在 2012 年、2013 年和 2014 年的增长速度都落后于重庆全市。说明即使得到了国家后扶政策的大力支持，三峡重庆库区也并未体现出在经济发展方面的显著优势。造成这一现象的原因是多方面的。首先，重庆主城区和渝西地区在近些年的总体发展速度较快，进而造成了二者间的差距；其次，三峡重庆库区一些区县的经济发展速度较慢，如丰都、奉节等。与东部六省市相比，三峡重庆库区由于经济总量较小，因而体现出了较快的经济增长速度。在 2015 年，约占重庆全市 40% GDP 的三峡重庆库区只有东部六省市经济总量均值的 18.05% 左右。说明虽然三峡重庆库区在近些年中，经济发展取得了飞速的进步，但是与东部沿海地区相比，二者的差距依然较大且十分明显。

　　综合这一结果我们可以看出，三峡重庆库区经济发展速度落后于重庆全市。与东部沿海地区的平均水平相比，则存在明显的差距。这一结果说明在经济发展速度与总量上的差异很可能是造成三峡重庆库区小城镇和村庄人口大量外流的主要原因。

3.2　三峡重庆库区城乡居民可支配收入发展背景分析

如众多国内外学者所言，收入水平是影响人口流动的最重要因素之一。根据 3.1 节的研究结论，三峡重庆库区的经济水平是较为落后的，而经济发展水平对于人口最重要的一个影响方面就是收入水平。基于此，本节将从城乡居民的可支配收入来进行比较分析。

就城镇人均可支配收入而言，在 2011～2015 年，三峡重庆库区的增长速度较快，明显高于重庆全市和东部六省市的平均增长速度（见表 3.2）。值得注意的是，三峡重庆库区的城镇人均可支配收入在 2014年就超过了重庆全市的平均水平，并且二者间的差距在 2015 年进一步扩大。从绝对值来看，三峡重庆库区与东部六省市的差距是十分巨大的。在 2015 年，东部六省市的城镇人均可支配收入已经达到了 42595元，而三峡重庆库区仅为 27417 元，二者差距达到了 15178 元，后者仅为前者的 64.4%。

表 3.2　三峡重庆库区与重庆、东部六省市城镇人均可支配收入对比分析

地区	2011 年		2012 年		2013 年		2014 年		2015 年	
	人均可支配收入（元）	增速（%）	人均可支配收入（元）	增速（%）	人均可支配收入（元）	增速（%）	人均可支配收入（元）	增速（%）	人均可支配收入（元）	增速（%）
三峡重庆库区	17820	18.68	20519	15.14	22857	11.40	25178	10.15	27417	8.89
重庆全市均值	20250	15.50	22968	13.42	25216	9.79	25147	-0.27	27239	8.32
东部六省市均值	30044	13.09	33456	11.36	36658	9.57	39294	7.19	42595	8.40

资料来源：2011～2016 年的《重庆统计年鉴》和国家统计局数据。

截至 2015 年，三峡重庆库区的农村人均可支配收入已经突破了 10000
元，并且增长幅度也是高于城镇人均可支配收入。与重庆全市的平均水平
相比，三峡重庆库区多数年份都处于落后状态。在 2011 年，三峡重庆库
区的农村人均可支配收入高于重庆全市的平均水平，但是自 2014 年起，
则进入了追赶阶段。与东部六省市相比，三峡重庆库区的农村人均可支配
收入虽然增速较快，但是绝对值则明显偏低。以 2015 年为例，东部六省
市的农村人均可支配收入为 17636 元，超过三峡重庆库区 7136 元，后者
仅为前者的 59.5%（见表 3.3）。

表 3.3 三峡重庆库区与重庆、东部六省市农村人均可支配收入对比分析

地区	2011 年		2012 年		2013 年		2014 年		2015 年	
	人均可支配收入（元）	增速（%）	人均可支配收入（元）	增速（%）	人均可支配收入（元）	增速（%）	人均可支配收入（元）	增速（%）	人均可支配收入（元）	增速（%）
三峡重庆库区	6549	23.92	7508	14.64	8503	13.25	9398	10.53	10500	11.73
重庆全市均值	6480	22.81	7383	13.93	8332	12.85	10505	26.08	11549	9.94
东部六省市均值	12726	16.35	14267	12.11	15858	11.15	16052	1.22	17636	9.87

资料来源：2011～2016 年的《重庆统计年鉴》和国家统计局数据。

综合城镇与农村人均可支配收入的对比情况来看，三峡重庆库区与重
庆全市的平均水平差距较小，甚至 2014 年、2015 年的城镇人均可支配收
入高于重庆全市。同时，三峡重庆库区与东部六省市的人均可支配收入存
在较大的差距，且城镇人均可支配收入的差距小于农村人均可支配收入的
差距。

3.3 三峡重庆库区产业结构发展背景分析

产业是影响经济发展和人口就业的重要因素，较为合理的产业结构更有利于吸引人口。因此，本书从宏观层面对三峡重庆库区、重庆全市以及东部沿海 6 省市在产业结构方面的差异进行分析。具体结果见表 3.4。

表 3.4　　　三峡重庆库区与重庆、东部六省市产业结构对比分析　　　单位:%

年份	产业	三峡重庆库区		重庆全市均值		东部六省市均值	
		占比	相对上年变化	占比	相对上年变化	占比	相对上年变化
2011	第一产业	10.3	-0.4	8.4	-0.2	3.7	-0.1
	第二产业	59.6	-1.5	44.6	0	44.7	-1.2
	第三产业	30.1	1.9	47	0.2	51.6	1.3
2012	第一产业	10.1	-0.2	8.2	-0.2	3.6	-0.1
	第二产业	56.1	-3.5	45.4	0.8	43.6	-1.1
	第三产业	33.8	3.7	46.4	-0.6	52.8	1.2
2013	第一产业	9.7	-0.4	7.8	-0.4	3.5	-0.1
	第二产业	54.6	-1.5	45.5	0.1	42.5	-1.1
	第三产业	35.7	1.9	46.7	0.3	54	1.2
2014	第一产业	9.2	-0.5	7.4	-0.4	3.3	-0.2
	第二产业	50.1	-4.5	45.8	0.3	42	-0.5
	第三产业	40.7	5	46.8	0.1	54.7	0.7
2015	第一产业	9.1	-0.1	7.3	-0.1	3.2	-0.1
	第二产业	49.2	-0.9	45	-0.8	39.9	-2.1
	第三产业	41.7	1	47.7	0.9	56.9	2.2

资料来源：2011～2016 年的《重庆统计年鉴》和国家统计局数据。

从表 3.4 可以看出，无论是三峡重庆库区还是东部六省市在 2011～2015 年之间，均呈现出了第一、第二产业占比下降，第三产业上升的情况，而重庆则呈现出了第一产业下降，第二产业波动下降、第三产业波动上升的态势。与重庆全市和东部六省市相比较，以 2015 年为例，三峡重

庆库区的第一产业比重明显偏高，高于重庆全市的 7.3% 和东部六省市的
3.2% 。从产业的角度来看，三峡重庆库区的另一个特点就是第二产业的
比重仍然最大，2015 年，三峡重庆库区的比重维持在 49.2%，东部六省
市的比重已经从 2011 年的 44.7% 下降到 39.9%。这一结果说明，如果简
单地从产业结构的高级度来看，三峡重庆库区的产业结构相对落后。另
外，与东部六省市相比较，重庆全市的总体产业结构也是相对落后的。综
合以上分析，三峡重庆库区的第一产业的比重相对过高，且第二产业在一
二三产业中的比重仍然最大；重庆全市同样存在第二产业占比过大的问
题。这一结果说明，造成三峡重庆库区小城镇和村庄大量人口外流的产业
原因就是自身相对较为落后的产业结构。

3.4　三峡重庆库区城镇化发展背景分析

　　与经济发展和产业结构不同，城镇化一方面能够推动经济的增长，另
一方面也能够体现一个地区或城市的集聚能力。基于此，本书对三峡重庆
库区、重庆全市以及东部沿海 6 省市在城镇化方面的差异进行分析，具体
的数据见表 3.5。

表 3.5　　三峡重庆库区与重庆、东部六省市城镇化水平对比分析　　单位:%

地区	2011 年		2012 年		2013 年		2014 年		2015 年	
	城镇化水平	增率	城镇化水平	增率	城镇化水平	增率	城镇化水平	增率	城镇化水平	增率
三峡重庆库区	49.7	1.9	51.7	2	53.2	1.5	54.6	1.4	56.1	1.5
重庆全市均值	55	2	57	2	58.3	1.3	59.6	1.3	60.9	1.3
东部六省市均值	73.8	1.1	74.6	0.8	75.1	0.5	75.5	0.4	75.6	0.1

资料来源：2011～2016 年的《重庆统计年鉴》和国家统计局数据。

　　从表 3.5 可以看出，如果从城镇化的增长速度来看，三峡重庆库区的
增长速度与重庆全市的差异不大，但是明显快于东部六省市。三峡重庆库

区的城镇化水平从 2011 年的 49.7% 提升至 2015 年的 56.1%。但是从城镇化水平的绝对值来看,三峡重庆库区与重庆全市以及东部六省市相比,都存在一定的差距。截至 2015 年,重庆全市的城镇化率为 60.9%,比三峡重庆库区高出 4.8%。而东部六省市则比三峡重庆库区高出了接近 20%。无论是克鲁格曼(Krugman,1993)、格拉泽(Glaeser,2012)抑或是王小鲁(2010)等均认为城市的集聚将产生巨大的推动力,进而使经济和社会都得到较大程度的发展。基于此,可以看出,虽然三峡重庆库区的发展速度较快,但是城镇化的总体水平较低。城镇化方面发展的落后也有可能是造成人口大量向外流动的主要原因和背景之一。

3.5　本章小结

虽然三峡重庆库区在三峡工程兴建以来,在党中央、中央政府以及各级地方政府的大力支持下,经济、产业结构、城镇化等方面都取得了巨大的进步,但是与重庆的总体水平,以及东部沿海地区相比,仍然存在一定的差距,这就构成了三峡重庆库区人口流出的宏观环境基础。本章从经济发展水平、城乡居民可支配收入、产业结构和城镇化率 4 个方面比较了三峡重庆库区与重庆全市以及北京、上海、广东等东部六省市的差距。

在经济发展水平方面,三峡重庆库区虽然增长较快,但是在 2012 ~ 2014 年其增长速度均落后于重庆全市。另外,三峡重庆库区与东部六省市存在着巨大的差距,其经济总量只是东部六省市的 18% 左右。

在城乡居民可支配收入方面,三峡重庆库区的增长速度都明显快于重庆全市和东部六省市的平均水平。与重庆全市相比,在城镇人均可支配收入方面,三峡重庆库区经历了从落后到超越的历程;在农村人均可支配收入方面,三峡重庆库区多数年份都处于落后状态。三峡重庆库区与东部六省市相比,无论是城镇还是农村,人均可支配收入都存在着较大的差距。

在产业结构方面,虽然三峡重庆库区在产业结构的调整和升级方面快于重庆全市和东部六省市，但是三峡重庆库区仍然存在着第一产业占比相对偏高，第二产业仍然处于主导地位的格局。2015年，无论是重庆全市还是东部六省市都已经完成了主导产业由第二产业转换为第三产业的升级。

在城镇化水平方面，三峡重庆库区的城镇化增速与重庆全市大体相当，但是明显快于东部六省市。从绝对值的差异来看，三峡重庆库区在2015年还落后于重庆全市4.8%，但是与东部六省市的差距则接近于20%。

从上述结果可以看出，虽然三峡重庆库区在经济发展水平、城乡居民可支配收入等方面取得了长足的进步，但是与重庆全市和经济社会发展水平较高的东部六省市仍然存在着较大的差距。这也构成了本书从小城镇和村庄两个方面对三峡重庆库区进行分析的最重要的时代背景。

第4章

三峡重庆库区小城镇人口分布特征

人口分布是指人口在某一特定时间内于某一地理空间的集散状态，或称为人口的空间形式。人口规模是表现人口分布最主要的形式和衡量人口分布地区差异的主要指标，其空间分布格局与经济发展、资源及环境等要素关系密切，具有典型的尺度特征。小城镇是城市之尾、农村之首，是推动我国经济社会发展和提高大量农村人口生活水平的桥头堡。在当前的学术文献中，不同学者对于小城镇的定义有所差异。费孝通（1986）指出小城镇是农村经济与社会的中心。本书参照费孝通（1986）、许莉等（2015）、周超和黄志亮（2017）等学者的做法，将建制镇和乡集镇统归为小城镇进行研究。但是，由于镇的区域面积大，人口规模大，经济发展水平较高，以非农业人口为主，并有一定的工业区域（白钢，1993），因而本书也会在对小城镇总体进行研究以后，再按照乡镇分类别进行分析。

4.1 数据来源与研究区域

4.1.1 数据来源

本书的主要数据来源分为两类：一是重庆市城乡建设委员会的数据，

包括 2019 年的重庆市乡镇基本数据统计表以及 2017 年重庆市所有小城镇主要指标分区县分析表。2019 年的重庆市乡镇基本数据统计表对重庆市801 个小城镇的建成区面积、建成区人口、污水处理率等数据进行了统计，共包括 23 个指标，是关于重庆市小城镇建设和发展状况较为全面且权威的统计资料。2017 年的重庆市所有小城镇主要指标分区县分析表主要涵盖 2017 年重庆市所有小城镇 GDP、镇域面积和建成区面积等共 8 项指标，其中 GDP 等少数指标存在数据缺失问题。二是统计年鉴。本书采用的统计年鉴包括《重庆统计年鉴 2020》、2018 年的《万州统计年鉴》等三峡重庆库区 15 个区县的统计年鉴。

本书结合主要数据来源，并根据胡科、石培基（2009）和尹文耀等（2016）学者们的相关研究，采用常住人口而非户籍人口指标对小城镇的人口进行研究。

4.1.2 研究区域

三峡重庆库区东起巫山，西至江津，南起武隆，北至开州，是长江上游地区生态最为薄弱的地区之一。同时也是集著名旅游景区与大型水利工程于一体的生态功能区。由于历史及地理等方面因素的影响，三峡重庆库区的经济社会发展一直较为滞后。在 2014 年国务院扶贫办公布的国家级贫困县名单中，重庆一共有 14 个区县被纳入了该名单，而其中 9 个区县就坐落于三峡重庆库区①。截至 2019 年 12 月，三峡重庆库区共有 15 个区县，281 个镇，102 个乡，合计 383 个小城镇②。根据《三峡库区近、中期农业和农村经济发展总体规划（1995 - 2010 年)》和《长江三峡工程生态与环境监测公报》的划分方法，三峡库区可以被划分为位于湖北省的库首

---

① 全国 832 个贫困县名单 [EB/OL]. (2014 - 12 - 23). http：//nrra. gov. cn/art/2014/12/23/art_343_981. html.

② 本书并未将重庆主城的 7 个区纳入研究范围，具体的划分依据为《全国对口支援三峡库区合作规划（2014 - 2020 年)》《三峡后续工作规划》等政府相关规划。

和位于重庆市的库腹、库尾三个区域。库首地区包括宜昌县、兴山县、秭归县、巴东县和宜昌市区；库腹地区包括万州区、开州区、云阳县、武隆区、忠县、奉节县、丰都县、巫山县、巫溪县、涪陵区、石柱县11个区县；库尾地区包括：长寿区、江津区和位于重庆主城的渝北区、巴南区。而由于库腹地区和库尾地区都位于重庆境内，因而二者被合称为三峡重庆库区，其地理区位示意见图4.1。

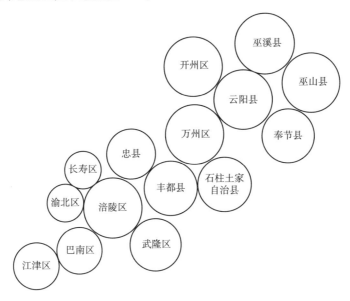

图4.1 三峡重庆库区地理区位示意

就库腹地区的情况而言，除了涪陵区距离重庆主城的距离较近之外，其他10个区县都距离重庆主城较远，且主要分布在渝东北和渝东南地区[①]。其中万州区、开州区、云阳县、忠县、奉节县、丰都县、巫山县、巫溪县等8个区县分布在渝东南地区；武隆区、石柱县则是地处渝东南地

---

① 关于重庆区域的划分，具体参见尚勇敏等（2012）、周超和黄志亮（2017）等相关学术成果。关于重庆具体的区域划分如下：渝西地区：主城区、涪陵区、长寿区、江津区、合川区、永川区、南川区、綦江区、大足区、璧山区、铜梁区、潼南区、荣昌区和万盛经开区，共计14个区县；渝东北地区：万州区、梁平区、城口、丰都县、垫江县、忠县、开州区、云阳县、奉节县、巫山县、巫溪县，共计11个区县；渝东南地区：黔江区、石柱县、酉阳县、秀山县、武隆区、彭水县，共计6个区县。

区。从经济发展水平来看，库腹地区的总体经济发展分化较为严重，2019年重庆市38个区县GDP的排名中，万州区和涪陵区分列第9位和第5位，而巫山县、巫溪县则分到倒数第4位和第2位，丰都县、云阳县等区县则位于第20~30名之间。地处渝东南地区的武隆区和石柱县的情况也比较不乐观，分别位于第33名和36名，总体排名十分靠后。①

就库尾地区的4个区县的情况而言，渝北区、巴南区则地处重庆主城，其中渝北区是两江新区的主要组成部分之一，经济发展速度较快。长寿区、江津区都属于经济发展总体水平较高的渝西地区，且毗邻重庆主城，受到核心城区较强的经济辐射。在2019年的排名中，渝北区的地区生产总值达到1848.24亿元，高居重庆38个区县的榜首，江津区、巴南区和长寿区分列第6名、第11名和第13名②。与库腹地区的11个区县相比，库尾地区的经济发展水平明显更高，地理区位优势十分明显。

在小城镇的数量方面，库腹地区11个区县共有219个镇，102个乡，合计321个小城镇；库尾地区4个区县共有62个镇，没有乡，合计62个小城镇。表4.1详细统计了三峡重庆库区各个区县小城镇的数量情况。

表4.1　　　　　　　2019年三峡重庆库区15个区县小城镇数量情况

区域	区县	小城镇（个）	镇（个）	乡（个）	人口最多的小城镇（万人）	人口最少的小城镇（万人）
库腹地区	万州	41	29	12	分水镇（9.93）	地宝乡（0.69）
	涪陵	24	18	6	珍溪镇（8.55）	大木乡（0.43）
	开州	33	28	5	临江镇（11.59）	五通乡（0.91）
	丰都	28	23	5	高家镇（5.70）	都督乡（0.43）
	武隆	25	12	13	巷口镇（7.06）	大洞河乡（0.40）
	忠县	25	19	6	拔山镇（6.34）	石子乡（0.82）
	云阳	38	31	7	南溪镇（12.36）	石门乡（1.02）

①②　资料来源：《重庆统计年鉴2020》。

续表

区域	区县	小城镇（个）	镇（个）	乡（个）	人口最多的小城镇（万人）	人口最少的小城镇（万人）
库腹地区	奉节	29	18	11	公平镇（6.40）	云雾乡（0.20）
	巫山	24	11	13	官渡镇（6.36）	竹贤乡（0.50）
	巫溪	30	19	11	文峰镇（3.00）	双阳乡（0.15）
	石柱	30	17	13	西沱镇（3.80）	金竹乡（0.16）
库尾地区	渝北	11	11	0	木耳镇（7.00）	古路镇（1.45）
	巴南	14	14	0	接龙镇（6.02）	天星寺镇（1.25）
	长寿	12	12	0	葛兰镇（7.19）	但渡镇（1.91）
	江津	25	25	0	白沙镇（13.56）	四屏镇（1.23）
合计		383	281	102	114.86	11.55

资料来源：笔者根据 2019 年重庆市乡镇基本数据统计表整理。

　　从表 4.1 中，可以看出三峡重庆库区小城镇中，人口最多的小城镇为江津区白沙镇，镇域人口达到 13.56 万人，人口最少的小城镇为巫溪县双阳乡，镇域人口仅为 0.15 万人。在三峡重庆库区 15 个区县中，小城镇间人口数量差异最大的是江津区，人口最多的白沙镇比最少的四屏镇多出 12.33 万人；差异最小的是巫溪县，人口最多的文峰镇仅比人口最少的双阳乡多出 2.85 万人，当然这也是由于文峰镇自身人口规模较小所造成的。

4.2　研究方法

　　本章采用的方法主要有空间分析方法和差异分析方法两类。采用空间分析方法的目的是从空间的角度分析三峡重庆库区小城镇人口的集聚形态，进而对人口在研究区域内是否存在集聚现象以及区域内部的集聚情况进行分析。采用差异分析方法（具体为变异系数）的目的在于分析三峡重庆库区小城镇人口的分布等情况。众所周知，受到经济发展、城市集聚效应等方面的影响，人口区域内的分布往往是不均等的，但是差异程度究竟有多大，哪些区域的差异情况更为明显等问题都有待于本书进行回答。

4.2.1 空间分析方法

4.2.1.1 空间计量经济学相关概念与空间效应

空间计量经济学是传统计量经济学与地理学的融合，将空间地理的概念引入经济问题的具体分析之中，主要从空间的角度来对区域间的经济问题及其规律进行分析和总结，进而对传统的计量经济学进行延伸和发展。传统计量经济学的应用假设较为严格，所采用的计量模型都需要符合高斯－马尔科夫（Gauss-Markov）假设，即要求模型是零均值、同方差，且互不相关；估计结果是最佳无偏估计的。主要分析的数据有截面数据、时间序列数据和面板数据三个类别。在现实世界中，任何主体都不是完全孤立的，都会受到其他主体的影响（Tobler，1979）。因此，传统计量经济学的一大缺陷就是无法对邻近空间单元所产生的溢出效应进行估计。为了对传统的计量经济学问题进行弥补和改善，帕林克（Paelinck）于1997年首次提出了空间计量经济学（spatial econometrics）的概念。在经过安瑟林（Anselin）等的不断发展之后，空间计量经济学的框架体系已经逐渐完善，成为计量经济学的耀眼分支。安瑟林（Anselin，2013）对空间计量经济学的概念进行了归纳和整理：空间计量经济学是处理由区域科学模型统计分析中的空间所引起的特殊性的技术总称，其内容包括空间效应设定、模型估计、检验以及预测等。鉴于空间计量经济学的实用性及其兼顾了多学科的优越性，现已经被广泛应用到了经济学、国际贸易、地理学等诸多学科和领域。伴随着 Arcgis、GeoDa、Stata 等软件的成熟和发展，空间计量经济学的应用更为便捷。根据安瑟林（Anselin，2013）的定义，空间效应主要分为两类：空间依赖性（spatial dependence）和空间异质性（spatial heterogeneity）。

空间依赖性也被称为空间相关性或空间自相关，是检验区域内是否存在空间溢出效应的重要指标。在空间单元中，某个单位的观测值并不是独立存在的，而是会受到其他相邻空间单位的影响。相邻空间单位会通过各种途径对其他空间单元的观测值进行影响。安瑟林和雷伊（Anselin and Rey，2010）进一步对空间依赖性的定义和测度进行了完善，具体将空间依赖性分为真实空间依赖性和干扰空间依赖性。真实空间依赖性意味着空间单元之间所产生的空间溢出效应是真实有效的，并不是由于某种测量误差而反映出的虚假信号。例如，在经济发展过程中，各个地方政府为了获得更多的招商引资，会在政策方面与周边或区位优势相近的地区进行竞争，进而产生竞争效应，并且这种影响在区域的各个主体之间是真实存在的，即为真实的空间依赖性。同时，由于在单元整合、空间外延和其他方面可能存在问题，进而造成测量误差的存在。测量误差可能会通过空间单元的边界划分和单元不一致等方面造成干扰空间依赖性。干扰空间依赖性主要是由于测量误差造成的，会传递出虚假信号，反映空间单元之间本身并不存在的空间溢出效应。

空间异质性揭示了空间单元之间的不稳定关系，是除了空间相关性以外的第二个重要空间效应来源。造成空间单元产生空间异质性的原因大体可以分为两类：第一，由于空间单元之间在影响因素及影响程度方面存在明显的不同。而且，在不同的空间单元中，变量、参数和方差等也可能存在差异，因而空间单元之间在某些方面的具体反映可能是不相同的，进而在整个空间中表现出空间异质性。第二，模型对于相关变量的错误设定以及遗漏变量都是造成空间异质性的重要原因。因此，在采用空间计量模型进行分析时，需要对不同的空间单元所表现出的异质性予以一定的关注。

4.2.1.2　空间分布统计方法

由于空间统计方法能够突破传统统计方法所具有的局限，因而近年来大量学者采用此种方法对存在于各个研究领域的空间模式、空间特征以及空间分布情况进行研究。空间统计方法的介入能够有效地探测空间单元之间的依赖性，并对空间单元某个方面的分布情况进行具体分析。就具体测度指标而言，安瑟林（Anselin，2013）等均采用空间自相关系数对空间单元之间的相互依赖性进行检测，以验证观测对象是否为随机分布。空间自相关系数主要采用 Moran's I 指数，从全局和局部两个层面来进行测度，因而可以拆分为全局 Moran's I 指数和局部 Moran's I 指数。在本章中，全局 Moran's I 指数和局部 Moran's I 指数都将被用于分析人口在三峡重庆库区小城镇层面的集聚效应和辐射效应。

1. 全局 Moran's I 指数

全局 Moran's I 指数着重从总体层面来考察空间单元之间是否存在空间溢出效应。该指标所反映的临近空间单元的特征可以具体分为三类：空间集聚、空间离散和空间随机。就其对于本章的研究意义而言，全局 Moran's I 指数能够有效反映三峡重庆库区小城镇人口分布是否存在马太效应，即三峡重庆库区小城镇人口是否存在地理分布上倾向于集聚的问题。全局 Moran's I 指数的计算公式为：

$$I = \frac{\sum_{i=1}^{n} \sum_{i\neq j}^{n} w_{ij}(X_i - \bar{X})(X_j - \bar{X})}{S^2 \sum_{i=1}^{n} \sum_{j=1}^{n} w_{ij}} \tag{4.1}$$

其中：n 为三峡重庆库区内小城镇的个数；X_i、X_j 分别表示小城镇 i 和小城镇 j 的观测值；w_{ij} 为空间权重矩阵 W 中的元素，本书采用 0 - 1 矩阵来进行设置。Moran's I 指数的变化范围为 [-1，1]。当取值位于 0 ~ 1 时，表示空间单元存在空间正相关；取值为 -1 ~ 0 时，表示空间单元存在空间负相关；取值为零时，表示区域间不具有空间相关关系（Lesage and Pace，2009）。

正态分布假设通常被用于检测 Moran's I 指数所代表的空间相关性是否通过显著性检验。具体计算公式如下：

$$Z(d) = \frac{Moran's\ I - E(I)}{\sqrt{VAR(I)}} \tag{4.2}$$

当 $|Z| \leqslant 1.96$ 时，表示接受零假设，空间单元之间的空间自相关不显著，观测变量的空间自相关显著；当 $|Z| > 1.96$ 时，则表示拒绝零假设，空间单元在目标区域内整体上所表现出的空间自相关性能够通过显著性检验（姜磊，2016）。具体而言，利用 Z 值判断空间集聚程度的标准如下：当 Z 为正值且显著时，表明存在正的相关性，即在地理分布中相似属性值倾向于集聚；当 Z 为负值且显著时，表明存在负的空间相关性，即相似的属性值倾向于分散分布；当 Z 值为 0 时，表示观测值在空间上呈独立随机分布。

2. 局部 Moran's I 指数

全局 Moran's I 指数虽然可以反映观测对象在空间的集聚程度，但对于其内部分布特征则无法体现。而局部 Moran's I 指数则可以弥补这一点，不仅可以分析每个区域单元的集聚程度和集聚种类，还可以量化每个区域单元对于全局空间自相关的贡献程度，并且评估出空间自相关在多大程度上掩盖了局部的不稳定性。局部 Moran's I 指数由安瑟林（Anselin，1995）提出，其计算公式为：

$$LI = (X_i - \bar{X}) \sum_{j \neq i}^{n} w_{ij}(X_j - \bar{X}) \tag{4.3}$$

其中：LI 表示局部 Moran's I 指数，本章中指三峡重庆库区内各个小城镇间的局部相关系数；n 为三峡重庆库区内小城镇的个数；X_i、X_j 分别表示小城镇 i 和小城镇 j 的观测值；w_{ij} 为空间 0 - 1 矩阵，当局部 Moran's I 指数大于 0 时，表明该空间单元与邻近单元的属性值相似（"高 - 高"或"低 - 低"）；当局部 Moran's I 指数小于 0 时，表明该空间单元与邻近单元属性值相异（"高 - 低"或"低 - 高"）；与全局 Moran's I 一样，局部 Moran's I 指数的显著性水平同样根据 Z 值检验来完成。

3. Moran 散点图

Moran's I 指数的一大直观体现就是 Moran 散点图（Moran scatter），具体由安瑟林（Anselin，1995）提出。鉴于 Moran 散点图能够对全局空间的内部结构和局部空间的相关性进行有效的测度，进而衡量测度单元与邻近空间单元之间是否具有正向抑或是负向的溢出效应，因而被诸多学者所采用。在 Moran 散点图中，空间总体被拆分为四个笛卡儿象限，分别表示测度单元与邻近空间单元之间四种不同类型的局部空间联系模式（鲁凤和徐建华，2006）。当空间单元的测度值主要集中在第一、第三象限时，说明总体上呈现正向的空间依赖性；反之，当空间单元的测度值主要集中在第二、第四象限时，说明总体上呈现负向的空间依赖性。Moran 散点图除了可以测度空间单元相互之间的依赖性以外，还可以直观地识别空间分布中存在哪些实体及数量。

4.2.2　变异系数

标准变异系数并不是一个绝对值指标，而是由研究数据的标准差与其平均值之比所构成的相对指标（曹慧等，2016）。对离散程度进行测度的常用统计指标为标准差。但是标准差存在较大程度的局限。当对比数据所采用的测量尺度不同时，采用标准差并不能够对数据间的离散程度进行有效测度。因此，当两组对比数据采用的测量尺度或数据量纲差异较大时，直接采用标准差来对两组数据的离散程度进行衡量是存在一定问题的。恰当的方法就是将两组数据的测量尺度所造成的影响消除之后，再进行对比分析。由于变异系数为标准差与其平均值的比值，进而消除了测量尺度不同而造成的问题。从种类来看，变异系数有全距系数、平均差系数和标准差系数等。而其中，最为常用的就是标准差系数（coefficient of variance，CV）。根据其构成及作用，变异系数同时也被称为"标准差率"或"离散系数"。需要说明的是，当数据的测量尺度相同时，标准差与变异系数是等价的。变异系数的形式是多样的，可以纯数值的形式出现，也可通过乘以 100% 转化为百分比的形式。与相对标准偏差（RSD）相同，变异系数可以对分析方法的精确度进行充分反映。变异系数的计算公式如下：

$$CV = \sigma/\mu \tag{4.4}$$

$$\sigma = \sqrt{(x_i - \mu)^2 / n}, \mu = \left(\sum_{i=1}^{n} x_i \right) / n。$$

其中，CV 表示变异系数，σ 为标准差，μ 则为平均数，n 为测算单元的总数。就变异系数的大小而言，虽然变异系数为百分数，但是变异系数的大小可以大于 1，也可以小于 1，只有在不为 0 时，变异系数才具有实际意义。变异系数大的，说明数据的离散程度大；变异系数小的，说明数据的离散程度小。

4.3　三峡重庆库区小城镇人口总体特征分析

人口分布是指人口在一定时间内的空间存在形式、分布状况，包括各类地区总人口的分布，以及某些特定人口的集聚过程和构成（如迁移、性别等）以及分布等（Brunhes，1952；封志明、刘晓娜，2013）。人口分布是受自然、社会、经济和政治等多种因素作用的结果。自然环境条件（如纬度、海拔、距海远近等）对人口分布起重要作用。自 20 世纪 90 年代三峡工程前期移民开始以来，三峡库区的人口分布产生了巨大的变化。伴随着三峡工程的开建以及三峡库区经济社会的快速发展，如重庆、湖北以及库区范围内工业化和城市化进程的加速，三峡重庆库区在经过了 20 多年的快速发展后，小城镇层面的人口分布情况到底如何，由于现有研究的缺乏，我们尚未可知。本书关于三峡重庆库区小城镇人口分布特征的分析主要从总体特征、空间分布特征、差异特征三个方面来进行分析。

4.3.1　描述性统计分析

为了了解三峡重庆库区全部 383 个小城镇（其中库腹 321 个，库尾 62 个）人口分布的总体概况，本书首先将对小城镇人口规模的平均值、标准差、最大值、最小值等描述性统计数据进行分析，具体情况见表 4.2。

表 4.2　　2019 年三峡重庆库区 383 个小城镇人口分布描述性统计数据

地区	乡镇个数（个）	平均值（万人）	标准差（万人）	最小值（万人）	最大值（万人）
三峡重庆库区					
小城镇	383	2.90	2.08	0.15	13.56
分地区					
库腹地区小城镇	321	2.63	1.93	0.15	12.36
库尾地区小城镇	62	4.30	2.27	1.23	13.56
分类别					
镇	281	3.55	2.07	0.43	13.56
乡	102	1.20	0.71	0.15	3.47

资料来源：2019 年的重庆市乡镇基本数据统计表。

　　根据表 4.2，三峡重庆库区 383 个小城镇的平均人口规模为 2.90 万人，而标准差为 2.08 万人，说明整个区域小城镇人口规模的离散程度较高，人口的分布总体上较为不平均。如前文所言，人口最多的小城镇为江津区的白沙镇，其人口规模达到 13.56 万人；人口规模最小的为巫溪县双阳乡，仅有 0.15 万人。就区域内部的情况而言，库腹地区与库尾地区呈现出两极分化的态势，库尾地区的小城镇平均人口规模为 4.3 万人，而库腹地区仅为 2.63 万人，库尾地区比库腹地区高出约 63.5%。另外，无论是库腹地区还是库尾地区的小城镇人口规模都表现出了较高的离散程度，两地区小城镇人口规模的标准差分别为 1.93 万人和 2.27 万人。就区域内部人口规模最大和最小的小城镇来看，在库腹地区，人口规模最大的小城镇为云阳县的南溪镇，其人口规模达到了 12.36 万人，人口规模最小的则为巫溪县双阳乡；在库尾地区，人口规模最大的则是江津区的白沙镇，人口规模最小的则是同处江津区的四屏镇，其人口规模仅为 1.23 万人。

　　分类别来看，镇的平均人口规模为 3.55 万人，而乡的平均人口规模仅为 1.20 万人，镇的平均人口规模近乎是乡的 3 倍，这一结果说明乡镇之间人口规模的差异是悬殊的。在标准差方面，镇的标准差为 2.07，乡的标准差较小，仅为 0.71，说明镇与镇之间的人口差异程度较大，而乡与乡之间的人口差异程度则较小。在最值方面，人口规模最小的镇为巫溪县的宁厂镇，其人口规模为 0.43 万人，约为人口规模最大的江津区白沙镇的 3%。人口规模最大的乡为奉节县的石岗乡，其人口规模为 3.47 万人，约为人口规模最小的巫溪县双阳乡的 23 倍。即便从最大值与最小值的差异程度来看，镇的差异程度也是高于乡的差异程度的。

4.3.2 三峡重庆库区分层次水平总体分析

在对三峡重庆库区 383 个小城镇人口分布的描述性统计数据进行分析的基础上，本书参照李爱民（2013）的方法，以三峡重庆库区小城镇人口的平均值和标准差作为划分依据，对人口规模的水平分布情况进行分析，具体将 383 个小城镇按照低级水平、中低级水平、中级水平和高级水平 4 个水平层级进行划分，具体结果见表 4.3。

表 4.3   2019 年三峡重庆库区 383 个小城镇人口分布分层次划分

等级划分	划分标准	规模范围（万人）	小城镇数量（个）	占比（%）	库腹地区小城镇（个）	库尾地区小城镇（个）	镇（个）	乡（个）
低级水平	$0 \leq M \leq M_0 - 0.5ST$	$[0, 1.86]$	145	37.85	139	6	58	87
中低级水平	$M_0 - 0.5ST < M \leq M_0$	$(1.86, 2.90]$	82	21.41	72	10	70	12
中级水平	$M_0 < M \leq M_0 + 0.5ST$	$(2.90, 3.94]$	58	15.03	42	16	55	3
高级水平	$M > M_0 + 0.5ST$	$(3.94, \infty)$	98	25.39	68	30	98	0

注：M_0 表示三峡重庆库区 383 个小城镇人口规模的平均值；M 表示小城镇的人口规模；ST 表示小城镇人口规模的标准偏差。2019 年，三峡重庆库区 383 个小城镇的平均人口规模为 2.9 万人，标准偏差为 2.08 万人。

资料来源：2019 年的重庆市乡镇基本数据统计表。

从表4.3可以看出，一方面，三峡重庆库区383个小城镇中约60%的小城镇处于低级水平和中低级水平，即有230个小城镇的人口规模小于或等于区域平均人口规模。另一方面，有约40%的小城镇处于中级水平和高级水平，这些小城镇的人口规模超过了三峡重庆库区小城镇的平均水平，而其中有25%左右的小城镇人口规模超过了3.94万人，达到了高级水平这一层级。值得注意的是，小城镇的人口规模呈现出了两极分化的态势，有145个小城镇，约占总数38%的小城镇人口规模小于或等于1.86万人；另外，人口规模达到了高级水平的小城镇共有98个。

从库腹地区与库尾地区的情况来看，库腹地区共有211个小城镇的人口规模处于低级水平和中低级水平，约为库腹地区总数的66%；而人口规模超过了重庆库区平均水平2.90万人的小城镇个数为110个，占到了库腹地区总数的34%左右。与库腹地区不同，库尾地区人口规模处于低级水平和中低级水平的小城镇个数仅为16个，占到了库尾地区总数的26%左右。同时，库尾地区共有46个小城镇的人口规模都是处于中级水平和高级水平层级。另外，库尾地区人口规模处于高级水平的小城镇个数为30个，约占该地区小城镇总数的50%，而库腹地区的这一比例仅为34%左右。这一结果更进一步地对库腹地区和库尾地区在小城镇人口规模方面存在的显著差异进行了说明。大量库腹地区小城镇的人口规模较小，而超过74%的库尾地区小城镇的人口规模超过了重庆库区的平均水平，人口规模大于3.94万人的小城镇比例甚至接近50%。

从乡、镇的分布情况来看，二者在4个水平层级的分布情况迥异。三峡重庆库区281个镇中，有128个镇的人口规模小于或等于2.9万人，即处于低级水平和中低级水平，占到了总数的45%左右。而处于中级水平和高级水平的镇的数量为153个，约为总数的55%。值得注意的是，人口规模处于高级水平的镇的数量达到了98个，占到了镇的总数的35%左右。即便如此，281个镇在4个水平层级的分布总体上是相对均衡的。与镇的情况明显不同，102个乡中有99个乡的人口规模处于低级水平和中低级水平，即人口规模没有超过三峡重庆库区小城镇的平均规模2.9万人，其比例占到了乡总数的97%左右。人口规模超过了区域平均水平的乡的数量仅有3个，分别是开州区的麻柳乡、紫水乡和奉节县的石岗乡。上述结果详细说明了乡镇在人口规模方面的显著差异。这也与乡镇的划分标准相匹配。

4.3.3　库腹地区分层次水平区域分析

如前文所述，由于库尾地区已经没有乡，62个小城镇全部为镇。如果在库腹地区与库尾地区的分区域分析中再按照乡镇将小城镇进行拆分分析，则会与4.3.2部分存在一定的重复。基于此，本书在分区域分析中，没有再将小城镇按照乡镇进行拆分分析。

在对三峡重庆库区383个小城镇总体进行了分析之后，下面将研究区域具体拆分为库腹地区和库尾地区来进行分析，进而可以对各个区域的情况进行充分了解和对比。库腹地区研究结果如表4.4所示。

表4.4　　　2019年库腹地区321个小城镇人口分布分层次划分表

等级划分	划分标准	规模范围（万人）	小城镇		渝东北（个）	渝东南（个）
			数量（个）	占比（%）		
低级水平	$0 \leqslant M \leqslant M_0 - 0.5ST$	[0, 1.66]	123	38.58	86	37
中低级水平	$M_0 - 0.5ST < M \leqslant M_0$	(1.66, 2.63]	67	20.99	54	13
中级水平	$M_0 < M \leqslant M_0 + 0.5ST$	(2.63, 3.60]	53	16.36	50	3
高级水平	$M > M_0 + 0.5ST$	(3.60, ∞)	78	24.07	76	2

注：M_0表示库腹地区321个小城镇人口规模的平均值；M表示小城镇的人口规模；ST表示小城镇人口规模的标准偏差。2019年，库腹地区324个小城镇的平均人口规模为2.63万人，标准偏差为1.93万人。

资料来源：2019年的重庆市乡镇基本数据统计表。

根据表 4.4 的结果可以看出，约 60% 的小城镇的人口规模低于库腹地区的平均水平。其中，约占总数 38.6% 的 123 个小城镇的人口规模小于或等于 1.66 万人，其中位于渝东北地区的小城镇有 86 个，而位于渝东南（武隆区和石柱县）的小城镇共有 37 个；约占总数 21% 的 67 个小城镇的人口规模处于 1.66 万~2.63 万人，其中位于渝东北地区的小城镇有 54 个，而位于渝东南地区的小城镇共有 13 个；约占总数 16.4% 的 53 个小城镇的人口规模处于 2.63 万~3.60 万人，其中位于渝东北地区的小城镇有 50 个，而位于渝东南地区的小城镇共有 3 个；约占总数 24% 的 78 个小城镇的人口规模大于 3.6 万人，其中位于渝东北地区的小城镇有 76 个，而位于渝东南地区的小城镇共有 2 个。值得注意的是，达到高级水平，即人口规模突破 3.6 万人的小城镇的数量有 78 个，说明库腹地区小城镇在人口规模的分布方面存在一定的两极分化情况。

从渝东北地区和渝东南地区的情况来看，渝东北小城镇的人口规模分布相对平均，处于各个水平小城镇的数量分别为 86 个、54 个、50 个和 76 个，各个水平层级之间并没有出现太大的差异。与渝东北地区的情况相比，渝东南地区小城镇的情况则较为严峻。渝东南 55 个小城镇中的 50 个小城镇的人口规模均低于或等于库腹地区的平均水平，处于中级水平和高级水平的分别仅有 3 个和 2 个小城镇。

4.3.4　库尾地区分层次水平区域分析

本节对库尾地区 62 个小城镇的人口规模按照 4 个层级进行了划分，具体结果如表 4.5 所示。需要说明的是，与库腹地区不同，库尾地区的 4 个区县主要由位于主城区的渝北区和巴南区以及作为外围区县的长寿区和江津区组成。因此，在对库尾地区进行内部区域研究时，将库尾地区按照主城区与周边区县进行划分。

表 4.5　　　　　　2019 年库尾地区 62 个小城镇人口分布分层次划分表

等级划分	划分标准	规模范围（万人）	小城镇		主城区（个）	周边区县（个）
			数量（个）	占比（%）		
低级水平	$0 \leq M \leq M_0 - 0.5ST$	[0, 3.16]	20	32.26	10	10
中低级水平	$M_0 - 0.5ST < M \leq M_0$	(3.16, 4.30]	17	27.42	7	10
中级水平	$M_0 < M \leq M_0 + 0.5ST$	(4.30, 5.44]	13	20.97	5	8
高级水平	$M > M_0 + 0.5ST$	(5.44, ∞)	12	19.35	3	9

注：M_0 表示库尾地区 62 个小城镇人口规模的平均值；M 表示小城镇的人口规模；ST 表示小城镇人口规模的标准偏差。2019 年，库尾地区 62 个小城镇的平均人口规模为 4.30 万人，标准偏差为 2.27 万人。

资料来源：2019 年的重庆市乡镇基本数据统计表。

从表 4.5 的结果可以看出，库尾地区约 60% 的小城镇的人口规模是低于库尾地区的平均水平，其中处于低级水平的小城镇有 20 个，约占总数的 32%，主城区与周边区县各占 10 个；处于中低级水平的小城镇的数量为 17 个，约占总数的 27%，主城区与周边区县的数量分别为 7 个和 10 个。人口规模在 4.30 万~5.44 万人的小城镇的数量有 13 个，约占总数的 21%。其中地处主城区的小城镇有 5 个，而地处周边区县的小城镇则有 8 个；人口规模大于 5.44 万人的小城镇的数量有 12 个，约占总数的 19%。其中地处主城区的小城镇有 3 个，而地处周边区县的小城镇则有 9 个。从这一分布态势可以看出，与三峡重庆库区总体以及库腹地区相比，库尾地区并不存在严重的两极分化状况。

就区域的内部结构而言，25 个主城区小城镇中的 17 个的人口规模低于或等于库尾地区的平均水平，整体表现出了两极分化的态势。长寿区和江津区两个周边区县则体现出了均等的趋势，处于 4 个水平层级小城镇的数量分别为 10、10、8、9 个。造成这一现象的原因可能是渝北区、巴南区这两个区县街道经济更为发达，生活设施、教育设施等更为完善，进而吸引了更多的人口进入了城市范围，进而对周边的小城镇产生了"虹吸效应"①。周边区县的经济发展水平、基础公共服务等与核心城区存在一定的差距，进而对小城镇产生的"虹吸效应"较弱，从而形成了较为均衡的分布格局。

4.4 三峡重庆库区小城镇人口空间分布特征分析

本节主要从空间分布的层面对三峡重庆库区小城镇的人口分布特征进行分析。首先，对总体的人口分布情况进行介绍和分析；其次，在前一部分的基础上，采用全局 Moran's I 指数和局部 Moran's I 指数对小城镇人口的集聚状况进行分析。

4.4.1 三峡重庆库区小城镇人口空间分布情况

在对三峡重庆库区小城镇人口层级划分的标准方面，本节沿用上文总体分析的划分标准，将 383 个小城镇划分为 4 个层级。具体的空间分布情况见表 4.6。

表 4.6　　　三峡重庆库区 383 个小城镇人口空间分布情况

区县	人口规模（万人）	平均人口规模（万人/平方千米）	区县	人口规模（万人）	平均人口规模（万人/平方千米）
万州区	86.12	0.025	丰都县	51.57	0.018
涪陵区	56.56	0.019	忠县	53.97	0.025
渝北区	27.50	0.019	云阳县	59.13	0.016
巴南区	35.81	0.020	奉节县	60.68	0.015

---

① "虹吸效应"是指核心城市、中心城市、大城市等具有优势地位的城市，能够将周边市、中小城市和小城镇的人口、资金等资源要素进行吸引（姚文捷和朱磊，2018）。

续表

区县	人口规模 （万人）	平均人口规模 （万人/平方千米）	区县	人口规模 （万人）	平均人口规模 （万人/平方千米）
长寿区	34.41	0.024	巫山县	41.99	0.014
江津区	105.13	0.033	巫溪县	38.46	0.010
开州区	90.68	0.023	石柱县	28.44	0.009
武隆区	23.02	0.008			

资料来源：2019 年的重庆市乡镇基本数据统计表。

结合表4.6可以看出，三峡重庆库区383个小城镇的人口分布存在三个显著的特征：一是小城镇的人口分布"荒漠化"现象较为严重；二是"万开云"板块及周边区县小城镇人口分布的集中度最高；三是库尾地区的"虹吸效应"明显。

从表4.6可以看出小城镇的人口分布"荒漠化"现象主要集中在2个区域：一是位于库腹地区顶端的渝东北地区，即巫山、巫溪和开州的东北部等地区；二是位于库腹地区东南端的渝东南地区，即武隆、丰都和石柱3个区县。与三峡重庆库区的其他地区相比，大量平均人口规模低于1.86万人的小城镇主要集中在这两个区域。更为有趣的是，在这两个区域中，较少有人口规模较大的小城镇分布于其中，大量处于人口分布低级水平层级的小城镇形成了连片区域。造成这一现象的原因是多方面的，其中最主要的部分原因可能是经济发展水平和地理区位。众所周知，渝东北地区的巫山、巫溪和渝东南地区的武隆、丰都和石柱等区县经济发展较为滞后，这些区县长期都是国家级贫困县（李东，2010）。另外，这些区县并不具有明显的地理区位优势，高速公路、铁路等交通设施也发展相对缓慢，进而不能为经济的快速发展提供有效支撑。

"万开云"板块是指由重庆万州、开州、云阳3个区县组成的区域发展板块。虽然在与"万开云"板块相连接的巫山、巫溪等区县出现了大量低人口规模的小城镇，但是从表4.6来看，大量人口规模处于中级水平和高级水平的小城镇均处于"万开云"板块以及周边的奉节等区县。这一数量甚至超过了库尾地区。虽然在云阳境内也存在一些低人口规模的小城镇，但是总体来看，这一地区所集中的具有较大人口规模的小城镇的数量仍然是整个三峡重庆库区最多的。就具体的原因而言，本书认为可能是由于与库尾地区相比，"万开云"板块及周边的奉节等区县的核心城区的辐射效应较弱，并未对周边的小城镇产生巨大的"虹吸效应"。与渝东北的巫山、巫溪和渝东南的武隆、石柱等区县不同，"万开云"板块及奉节等区县明显具有更高的经济发展水平。这也可能是未出现小城镇人口大量流失的原因之一。

从经济发展水平上来看，拥有主城 2 个区（渝北、巴南）以及全市生产总值排名相对靠前的长寿和江津的库尾地区经济发展水平较高，结合表 4.6 和上文的研究结论，可以发现，这一区域小城镇的人口集聚水平并不高，同时存在一些处于低级人口分布水平的小城镇。就造成这一现象的具体原因而言，本书认为是因为存在渝北、巴南这两个明显的区域经济增长极，大量的小城镇人口都会向核心区域流动，进而享受更高的收入水平和更为便利的基本公共服务。

4.4.2　三峡重庆库区小城镇人口分布的全局空间特征

由于全局 Moran's I 指数可以对三峡重庆库区小城镇人口分布的整体关联进行分析，本书采用 ArcGIS10.2 和 GeoDa1.12 软件对三峡重庆库区 383 个小城镇人口分布的全局 Moran's I 指数进行计算，具体结果见图 4.2。

由图 4.2 的结果可以看出，三峡重庆库区 383 个小城镇人口分布的全局 Moran's I 指数值为 0.205，且绝大部分散点均位于第一、第三象限。另外，根据本书所测算出来的标准化检验值 Z 大于 1.96，即通过了 5% 的显著性水平检验。这说明三峡重庆库区 383 个小城镇的人口分布并不是随机的，人口分布在空间格局上具有一定的空间自相关关系，无论是人口集聚水平较高还是较低的小城镇都呈现出了空间集中分布的特征。

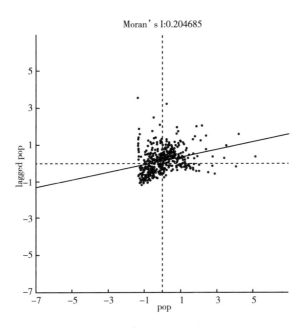

图 4.2　三峡重庆库区 383 个小城镇人口分布的

全局 Moran's I 指数散点图

4.4.3　三峡重庆库区小城镇人口分布的局部空间特征

　　全局 Moran's I 指数虽然能够从全局层面呈现三峡重庆库区 383 个小城镇人口分布的空间特征，但是无法揭示小城镇人口分布在空间上的相互作用关系和局部的空间集聚特征。为了弥补这些不足，并且进一步揭示小城镇人口分布在具体区域的集聚现象和关联模式，本节同样采用 ArcGIS10. 2 软件对局部 Moran's I 指数进行计算，并根据空间自相关系数、人口分布水平进行正负相关划分和高低值区域划分。

　　区域自身与相邻小城镇人口规模较大，且具有正相关关系的区域，被划分为扩散型区域。这一类型的区域分布较为零散，在库尾地区的江津区、江北区、巴南区、江津区和库腹地区的万州、云阳、忠县等区县都有分布。其中，最为集中的是在渝东北地区的"万开云"板块及其周边区县。从这一分布情况可以看出，有相当数量的渝东北地区小城镇的人口分布呈现出正向扩散的态势。与地处渝西地区的库腹小城镇和渝东北的小城镇不同，渝东南地区处于扩散型区域的小城镇数量则明显较少。

自身小城镇人口分布水平较高，但是周边区域小城镇人口分布水平较低，且具有负相关关系的区域，被划分为极化型区域。这一类型区域总体上分布同样较为分散，在库腹地区4个区县都有零星的分布，在渝东南的武隆、丰都也有少量的分布，在库腹地区的万州、巫溪、奉节的一些小城镇同样属于这一区域类型。就库尾地区的情况而言，这一区域分布最多的是地处重庆主城区的渝北和巴南，这也从另一个层面印证了这一区域较强虹吸效应的存在。在这些区域，少量小城镇人口规模的快速集聚对周边小城镇人口规模产生了一定程度的逆向影响。

自身和周边小城镇的人口分布水平都较低，且相互之间具有正相关关系的区域，被划分为低速增长型区域。与前两类区域不同，低速增长型区域的分布则较为集中，虽然也在某些区域存在零散的分布。从地理分布上看，渝东南的武隆、石柱以及渝东北的巫山、巫溪等区县的众多小城镇均属于这一区域类型。另外，在库腹地区的万州和库尾地区的江津也有零散的分布。结合前文的研究结果，本书认为，虽然渝东南的武隆、石柱和渝东北的巫山、巫溪的大部分小城镇的人口规模相对较小，但是总体上是呈现出正向增长的态势。

自身小城镇人口分布水平较低、周边小城镇的人口分布水平较高，且二者间具有负相关关系的区域，被定义为过渡型区域。总体来看，这一类型区域的分布相对集中，呈线条形分布。这一区域类型从库尾地区的万州一直向西延伸至库尾地区的江津，整个区域都存在大量的小城镇属于这种类型。另外，在奉节和武隆等区县也存在少量的小城镇属于这一区域类型。这一类型区域的存在说明小城镇之间也存在一定的"虹吸效应"，即经济发展水平更高、基础公共服务设施更好的小城镇更多地吸引了人口向这些地区集中，进而造成了一部分周边小城镇的空心化。

从全局空间特征来看，三峡重庆库区383个小城镇的人口分布总体上的确存在空间集聚的情况。从局部空间特征来看，三峡重庆库区 383 个小城镇主要以扩散型区域和低速增长型区域为主。其中，扩散型区域主要以库腹地区的渝东北区县和库尾地区为主。而低速增长型区域则以库腹地区的巫山、巫溪和渝东南的武隆、石柱等区县为主。另外两类区域的分布则较为零散，无论是在库腹地区的渝东北、渝东南区县，还是在库尾地区的江津、长寿，以及主城的渝北区、巴南区，均有不同程度的分布。

4.5　差异特征分析

由于变异系数的本质是去除量纲后的标准差，即是由标准差除以均值得到的。因此，小城镇人口分布规模的变异系数越大，说明人口分布的离散程度越高。根据 4.2 节研究方法中变异系数的计算方法，本节得出了三峡重庆库区、库腹地区、库尾地区和 15 个区县各自的变异系数，具体情况见图 4.3。

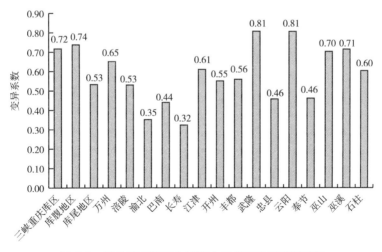

图 4.3　三峡重庆库区小城镇人口分布差异特征情况

从区域的总体情况来看，三峡重庆库区、库腹地区与库尾地区的变异系数分别为 0.72、0.74 和 0.53。结合区域总体和 15 个区县的情况来看，三峡重庆库区小城镇人口分布的离散程度总体较高。表 4.7 总结了三峡重庆库区 15 个区县小城镇人口分布的变异系数。根据表 4.7 的结果可以看出，三峡重庆库区 15 个区县小城镇人口分布的变异系数呈现出两头低、中间高的正态分布态势，并且 2/3 的区县的变异系数都在 0.4~0.7 之间，处于较低离散程度 [0.3，0.4) 和较高离散程度（0.8，+∞）的区县的个数均为 2 个。

表 4.7　　　　　　三峡重庆库区 15 个区县小城镇人口分布变异系数

变异系数范围	总个数	库腹地区区县个数	库尾地区区县个数
[0.3，0.4)	2	0	2
(0.4，0.5]	3	2	1
(0.5，0.6]	4	4	0
(0.6，0.7]	3	2	1
(0.7，0.8]	1	1	0
(0.8，+∞)	2	2	0
合计	15	11	4

就具体的区县而言，变异系数最大的是武隆区和云阳县，二者的变异系数都是 0.81，说明二者的小城镇人口分布离散程度在整个三峡重庆库区而言是最高的。与之相对应的则是长寿区较低的变异系数，其值只有 0.32，约为武隆区和云阳县的 43%，说明长寿区小城镇人口的分布较为平均，各个小城镇之间的差异不大。

基于图 4.3 的结果，就库腹地区的情况来看，与三峡重庆库区整体以及库尾地区相比，库腹地区小城镇人口分布的离散程度最高，同时也说明在这一地区小城镇的人口分布更为集中。表 4.8 给出了库腹地区 11 个区县小城镇人口分布变异系数的具体情况。在库腹地区的 11 个区县中，变异系数最小的是忠县和奉节，说明在这两个县中，小城镇的人口分布是相对平均的，并没有出现人口过度集中的情况。另外，如前文所言，武隆和云阳拥有整个三峡重庆库区最大的变异系数，也表明区域的人口集中度高，在部分小城镇中，可能出现人口空心化的现象。从地区分布的情况来看，在变异系数较小的（0.4，0.5]范围内，库腹地区一共有2个区县，且都分布在渝东北地区。在变异系数较高的（0.8，+∞）范围内，库腹地区同样有两个区县，一个分布在渝东北地区，而另外一个则分布在渝东南地区。总体而言，库腹地区11个区县中的8个区县的小城镇人口分布变异系数处于0.4~0.7，说明虽然库腹地区总体的离散程度较高，但是区域内大多数区县层面的小城镇人口离散程度仍然处于相对较低的水平。造成这一情况的主要原因是渝东北9个区县中的7个区县的小城镇人口分布变异系数分布在0.4~0.7的范围内，而渝东南的武隆区和石柱县的小城镇人口分布变异系数则处于相对较高的水平。

表4.8　　　　　　　库腹地区11个区县小城镇人口分布变异系数

变异系数范围	总个数	渝东北地区区县个数	渝东南地区区县个数
（0.4，0.5]	2	2	0
（0.5，0.6]	3	3	0
（0.6，0.7]	3	2	1
（0.7，0.8]	1	1	0
（0.8，+∞）	2	1	1
合计	11	9	2

基于图4.3的结果，就库尾地区的情况而言，其变异系数仅为0.53，无论是与三峡重庆库区整体、库腹地区还是与15个区县的变异系数值相比，都处于较低水平。这一结果说明库尾地区的小城镇人口分布是相对平均的，总体的离散程度并不高。在渝北、巴南、江津、长寿4个区中，变异系数最大的是江津，其值为0.61，说明相较于其他3个区，江津小城镇人口的离散程度是相对较高的；而长寿则拥有整个三峡重庆库区最低的变异系数。需要注意的是，经济发展水平最高的渝北的变异系数也十分低，仅有0.35，说明渝北11个小城镇的人口分布是较为平均的。而同处于重庆主城区的巴南的小城镇人口分布变异系数为0.44，说明巴南14个小城镇的人口分布也是较为平均的。

总体而言，根据以上的分析可以看出，三峡重庆库区总体的小城镇人口分布是较为不平均的，总体的离散程度较高。从具体的区域来看，库腹地区 11 个区县的小城镇的人口规模是存在较大差异的，离散程度远高于库尾地区的 4 个区县。在将库腹地区拆分为渝东北地区和渝东南地区之后，本书研究发现，渝东南地区小城镇人口分布的离散程度明显高于渝东北地区。而库尾地区 4 个区县的小城镇人口分布均较为平均，只有江津的变异系数达到了 0.61，显著高于其他三个区。

4.6　本章小结

本章以三峡重庆库区 383 个小城镇作为研究范围，从总体特征、空间分布特征和差异特征三个方面对小城镇人口的分布情况进行了分析。在总体特征方面，根据描述性统计分析的结果，三峡重庆库区 383 个小城镇的平均人口规模为 2.90 万人。同时，小城镇间的人口规模也存在一定的差距。其中人口规模最大的是江津区的白沙镇，共有镇域人口 13.56 万人；而人口规模最小的为巫溪县双阳乡，其人口规模仅为 0.15 万人。从三峡重庆库区的总体情况来看，三峡重庆库区 383 个小城镇中有约 60% 的小城镇的人口规模低于整体区域的平均水平。另外，小城镇的人口规模也呈现出了两极分化的态势，有约 38% 的小城镇的人口规模低于了 1.86 万人，而另有 25.4% 的小城镇的人口规模超过了 3.94 万人。从分类别的情况来看，镇的平均人口规模为 3.55 万人，而乡的平均人口规模仅为 1.20 万人，镇的平均人口规模近乎是乡的 3 倍。在具体的区域分析中，库腹地区小城镇在人口规模的分布方面同样存在一定的两极分化情况，有 60% 左右小城镇的人口规模低于平均水平，而人口规模达到 3.6 万人的小城镇也有 78个。就库尾地区的情况而言，虽然小城镇的平均人口规模总体较高，但是由于主城区经济发展和城镇化效应所产生的"虹吸效应"造成渝北和巴南两个主城区的小城镇人口规模较低，明显低于长寿和江津这两个周边区县。

在空间特征方面，从整体空间分布来看，三峡重庆库区 383 个小城镇呈现出三大特征：人口分布"荒漠化"；"万开云"板块及周边区县小城镇人口分布的集中度最高；库尾主城区"虹吸效应"明显。在采用了全局和局部 Moran's I 指数来对区域的空间集聚特征进行分析以后，本书研究发现，三峡重庆库区 383 个小城镇在人口分布方面确实存在显著的空间集聚特征。另外，通过对小城镇人口分布在空间上的相互作用关系进行分析，发现三峡重庆库区 383 个小城镇主要以扩散型区域和低速增长型区域为主，极化型区域和过渡型区域为辅的格局。

在差异特征方面，相较于三峡重庆库区总体和库尾地区，库腹地区的变异系数值最大，达到了 0.74，高于三峡重庆库区的 0.72 和库尾地区的 0.53。说明在区域层面，库腹地区小城镇人口分布的离散程度最高。另外，在三峡重庆库区 15 个区县中，有 9 个区县的变异系数值处于 0.4 ~ 0.7 之间，同时处于低离散程度和高离散程度区间的区县个数各有 2 个。这一结果说明总体上还是呈现出正态分布的态势。就具体区域的情况来看，渝东南的武隆和石柱的小城镇人口分布的离散程度较高。库尾地区的 4 个区县的小城镇人口分布离散程度较低，只有江津的变异系数达到了 0.61。

第 5 章

三峡重庆库区村庄人口分布特征

——以万州为例

自改革开放以来，我国的城镇化进程不断加快。大量的人口从乡村流向了城市，从周边区县流向了省城，从中西部地区流向了东部沿海地区。与较快提升的城镇化水平相对应的是农村的空心化现象不断加剧。农村的空心化主要是指农村青壮年劳动力大量流入城镇，导致农村人口数量大幅减少，同时农村青壮年人口的比例明显下降，留守农村的人口多为老人、妇女和儿童（林宝，2015）。农村空心化的快速发展造成了土地资源低效无序利用、乡村人居环境恶化等诸多问题。而与农村空心化最紧密相关的则是村庄的人口分布。村庄是中国基层群众性自治单位，是指县（市）域内除了城中村、镇街驻地村以外的其他建制村。村庄人口的分布直接影响着当地的产业发展、教育投入、基础设施投入等。基于此，本章以三峡库区区域面积最大、经济发展水平最高的万州区为例，对三峡重庆库区村庄层面的人口分布特征进行剖析。与第 4 章一样，本章主要研究的村庄人口为村庄的常住人口。

5.1 数据来源

本章的数据来源主要由两部分组成：第一部分 2017 年万州 41 个小城

镇 372 个村庄的《村域现状分析及规划指引》，如《万州区高梁镇桐槽村村域现状分析及规划指引》《万州区新田镇谭绍村村域现状分析及规划指引》等。2017 年万州 41 个小城镇 372 个村庄的《村域现状分析及规划指引》的委托方为万州区各个镇的人民政府，如《万州区高梁镇桐槽村村域现状分析及规划指引》由万州区高梁镇人民政府委托，重庆某设计院作为承担方进行规划。《村域现状分析及规划指引》主要从 3 个方面对村庄的情况进行介绍以及对未来建筑设计保护和农副业等方面进行规划。在村庄情况介绍方面，主要由 3 个部分组成：一是区位条件及资源情况；二是人口、用地与建设现状；三是经济活动。在规划引导方面，首先对相关规划及管制要求进行阐述，然后对保护建筑、集中居民点、基础设施、农副业等进行系统的规划和指引。第二部分 2018 年的《万州统计年鉴》。2018 年的《万州统计年鉴》不但对万州区总体的经济发展数据、人口数据等进行了统计，还对街道、乡镇一级的经济数据和人口数据进行了统计，如生产总值、财政收入、总人口以及与村庄相关的耕地面积等数据。

5.2　研究区域与研究方法

5.2.1　总体情况

万州区地处长江上游、重庆市的渝东北地区，直接隶属重庆市管辖。由于独特的地理区位，万州成为重庆、四川、湖北、陕西以及湖南 5 省市的重要物资集散地。根据 2016 年国务院颁布的《成渝城市群发展规划》，万州被定位为成渝城市群沿江城市带区域中心城市①。从地形条件来看，万州位于四川盆地的东部边缘地区，以山地和丘陵为主，平原和台

---

① 　国务院关于成渝城市群发展规划的批复［EB/OL］．（2016－04－15）．http：//www.gov.cn/zhengce/content/2016－04/15/content_5064431.htm.

地较少，且分布较为零散。从经济发展水平来看，万州是重庆的第二大都市区。在地理区位方面，万州地处三峡库区的核心区域，是整个库区区域面积最大、经济总量最大的中心城区，同时也是长江经济带十大港口之一。自三峡工程建设以来，万州得到了中央政府、其他省市政府以及重庆市政府的大力支持，经济发展迅速。以 2006～2015 年十年间的数据为例，2006 年万州的 GDP 为 186.63 亿元，2015 年则达到了 828.22 亿元，年均增速超过了 19.7%，明显高于重庆全市的同期经济增长速度①。

截至 2017 年 12 月，万州共有街道办事处 11 个，小城镇 41 个（其中镇 29 个，乡 12 个），村 448 个。常住人口的数量为 160.74 万人，其中城镇常住人口为 100.24 万人，乡村常住人口为 60.5 万人②。由于本书的研究对象仅限于小城镇或村庄人口，而街道办事处已经纳入了城市范围，因而不再属于本书的研究范畴（周超和黄志亮，2017）。另外，根据以 2017 年万州 41 个小城镇为规划对象的《万州区乡镇风貌规划审视及风貌实施导则》，长岭镇、高峰镇、天城镇、九池乡已纳入中心城区范围。这也就意味着这 4 个乡镇在行政级别上虽然还是乡科级，但是已经进入了万州的中心城区规划范畴，所受到的经济辐射效应更强。鉴于这 4 个小城镇行政级别与其他 37 个小城镇的差异，本章在进行总体分析时并未将其排除，但是在进行具体分析时，将会对这 4 个小城镇进行单独考虑。

5.2.2 万州 41 个小城镇的村庄分布具体情况

村庄的分布情况与当地的地理区位、经济发展和其他一些历史因素如码头、商贸等紧密相关。如前文所言，2017 年万州共有 448 个村庄，其中 412 个村庄分布在 41 个小城镇中；剩余的 36 个村庄则分布在 11 个街道办事处。由于本书的研究对象并未包括街道，因此分布在 11 个街道办事处

---

① 资料来源：2007～2016 年的《万州统计年鉴》。
② 资料来源：2018 年的《万州统计年鉴》。

的村庄并未包括在本书的研究样本之中，即，本章的研究对象为万州41
个小城镇中的372个村庄。即便如此，本章所研究的372个村庄在万州村
庄总数中的比重已经超过了90%，能够较好地说明万州这一三峡库区典型
区域的村庄人口分布状况。

需要进一步说明的是，本章出于深化研究的需要，根据政府规划、地
理区位、经济发展水平和乡镇数量对比4个方面，将研究区域分为三部
分：拟入围中心城区、万西地区和万东地区。拟入围中心城区具体包括长
岭镇、高峰镇、天城镇、九池乡共4个乡镇。其余的37个小城镇本章具
体划分为万西地区和万东地区：万西地区共有分水镇、李河镇等共计18
个乡镇；万东地区共有龙驹镇、太龙镇等共计19个乡镇。具体划分结果
见表5.1。

表5.1　　　　　　　　万州区41个小城镇村庄分布情况

区域	乡镇名	数量（个）	有数据数量（个）
拟入围中心城区	长岭镇	11	9
	高峰镇	11	11
	天城镇	10	9
	九池乡	8	8
万西地区	龙沙镇	14	11
	甘宁镇	25	20
	武陵镇	13	13
	余家镇	20	19
	分水镇	25	23
	熊家镇	10	9
	小周镇	5	5
	大周镇	5	4
	高粱镇	16	15
	李河镇	14	12
	孙家镇	7	7
	响水镇	10	9
	后山镇	11	11

区域	乡镇名	数量（个）	有数据数量（个）
万西地区	弹子镇	10	10
	瀼渡镇	6	6
	郭村镇	11	10
	柱山乡	9	3
	铁峰乡	6	6
万东地区	龙驹镇	16	16
	新田镇	9	9
	新乡镇	5	5
	走马镇	16	16
	罗田镇	11	11
	白土镇	9	9
	长滩镇	11	11
	太安镇	8	8
	白羊镇	12	12
	太龙镇	8	4
	茨竹乡	5	5
	溪口乡	4	4
	长坪乡	4	4
	燕山乡	4	4
	梨树乡	3	3
	恒合土家族乡	13	8
	普子乡	8	4
	地宝土家族乡	4	4
	黄柏乡	5	5

资料来源：2018 年的《万州统计年鉴》以及 2017 年万州 41 个小城镇的《村域现状分析及规划指引》。

　　本章划分万西地区和万东地区的具体原则和依据如下：一是地理区位。长江自西南向东北流过万州，将万州整体切割为两部分。地理区位的差异会对区域经济发展、人口分布、文化属性等方面造成影响（湛东升等，2017）。二是经济发展水平。根据 2018 年的《万州统计年鉴》，万西地区 18 个乡镇 2015 年的平均生产总值为 52676.6 万元，而万东地区 19 个乡镇 2015 年的平均生产总值为 29668.2 万元，仅为万西地区的 56.32%。三是乡镇数量对比。如表 5.1 所示，万西地区 18 个小城镇中，共有 16 个镇，2 个乡；万东地区 19 个小城镇中，共有 10 个镇，9 个乡。在我国，镇、乡的行政等级虽然相同，但是相较于镇，乡无论是在人口数量、经济发展水平等都存在一定的差距。从这个角度来看，万西地区具有总体更高的经济社会发展水平。在当前的经济社会中，区域之间的发展都不是孤立的，而是相互影响，集聚式发展的（Fujita et al.，2001）。无论是大中城市，还是小城镇，抑或是乡村，其发展都是与区域的整体水平紧密相关的。万西地区和万东地区由地理条件所分隔，区域之间的小城镇在经济发展水平和总体实力方面都存在差距，因而万西地区和万东地区小城镇所受到的区域集聚效应也有所不同，进而各个要素对于村庄人口分布的影响效应也可能存在差异。

从表 5.1 可以看出，万州 41 个小城镇平均每个镇有 10 个村庄，但是乡镇之间的村庄数量差异明显。其中 29 个镇共有村庄 339 个，平均每个镇有 11.7 个村庄；12 个乡共有村庄 73 个，平均每个乡有村庄 6.1 个。从万州总体来看，位于万西地区的甘宁镇和分水镇拥有的村庄数量最多，其数量都达到了 25 个。而位于万东地区的梨树乡的村庄数量最少，仅有 3 个。甘宁镇和分水镇拥有的村庄数量最多，约为村庄数量最少的梨树乡的 8 倍。

分乡、镇来看。在 29 个镇中，甘宁镇和分水镇拥有的村庄数量最多，而同处于万西地区的大周镇和小周镇的村庄数量最少，二者的数量均为 5 个。在 12 个乡中，拥有村庄数量最多的为地处万东地区的恒合土家族乡，其数量为 13 个，拥有村庄数量最少的乡则为同样地处万东地区的梨树乡。万州平均每个乡拥有的村庄数量约为镇的 52.1%。

从区域内部的差异来看，拟入围中心城区的 4 个小城镇共有村庄 40

个，平均每个小城镇的村庄数量为 10 个。万西地区 18 个小城镇共有 217 个村庄，平均每个小城镇的村庄数量为 12.1 个；万东地区 19 个小城镇共有 155 个村庄，平均每个小城镇的村庄数量为 8.2 个；万西地区平均每个小城镇比万东地区多出 3.9 个村庄。

表 5.1 中，拟入围中心城区有数据的村庄数量为 37 个，万西地区有数据的村庄数量为 193 个，万东地区有数据的村庄数量为 142 个。在万州 41 个小城镇中，有 27 个小城镇的数据没有出现缺失，缺失数据的小城镇的数量仅为 14 个，其中村庄数据缺失最多的小城镇为柱山乡，9 个村庄中有 6 个村庄的数据存在缺失，占到了总数的 66.7%。缺失村庄数据在 3 个以内的小城镇为 8 个，约占缺失小城镇总量的 57%。总体来看，本章的数据缺失情况并不严重。需要注意的是，12 个乡共缺失了 18 个村庄的数据，占到了位于乡的 73 个村庄的 24.5%。总体而言，虽然 12 个乡的 73 个村庄缺失了约 1/4 的数据，但是总体缺失情况并不严重。基于此，本章所研究的万州 372 个村庄基本能够反映万州小城镇村庄人口分布的总体情况。

5.2.3 研究方法

由于本章的主要研究内容也是包括总体特征分析、空间特征分析和差异特征分析三个部分，因此本章采用的研究方法与第 4 章基本相同。在总体特征分析部分，首先在采用统计性描述的基础上，根据均值、标准差、最大值、最小值等对本章所研究的万州 372 个村庄的人口分布数据进行分析，进而从总体层面了解该区域村庄人口的分布情况。另外，本章还将分区域和分类别对 372 个村庄的人口分布情况进行深入分析。在此基础上，将万州区 372 个村庄进行等级划分，从而了解村庄人口的分布态势等情况。在空间特征分析部分，由于没有万州区 372 个村庄的矢量地图，因而无法从村庄层面采用全局 Moran's I 指数和局部 Moran's I 指数来分析研究区域人口的集聚效应和辐射效应。本章采取的替代方法是将每个镇的村级数据进行合并，仅以空间示意图（见第 4 章的图 4.1）的形式来呈现各个小城镇村庄人口的分布情况。在差异特征分析部分，本章将沿用变异系数这一指标来对万州区 41 个小城镇 372 个村庄人口分布的离散程度来进行分析。

由于乡、镇在经济发展水平以及区位优势等方面存在差异，二者不仅对于小城镇人口，对于村庄人口的吸引力也可能不同。基于此，本章在对万州村庄人口分布总体进行分析以后，会从分区域和分类别（即镇、乡）的角度深化本章的研究。另外，由于在乡级层面存在一定的数据缺失情况，本章在进行划区域分析的基础上，不再按照类别作进一步分析。

5.3　万州 372 个村庄人口总体特征

与对三峡重庆库区小城镇层面的人口分布特征研究类似，本章对于万州这一三峡库区典型区域的村庄层面的人口分布的研究也是遵循从总体特征进行切入的思路。在总体特征的分析方面，本章在对数据进行描述性统计并进行分析之后，将万州 372 个村庄按照李爱民（2013）的方法分 4 个等级进行分层次水平分析。在分层次水平分析部分，本章分别对万州全域拟入围中心城区、万西地区、万东地区以及镇和乡进行分别分析的方法来进行，并对拟入围中心城区、万西地区、万东地区三个区域以及镇和乡的情况进行对比。

5.3.1　描述性统计分析

为了了解本章所研究的万州 372 个村庄的人口分布总体概况，对村庄人口规模的平均值、标准差、最大值、最小值等描述性统计数据进行分析，具体情况见表 5.2。

表 5.2　　　　　2017 年万州区 372 个村庄人口分布描述性统计数据

	项目	村庄个数 （个）	平均值 （人）	标准差 （人）	最小值 （人）	最大值 （人）
分地区	万州区	372	1408	802	169	5170
	拟入围中心城区	37	1525	928	169	4731
	万西地区	193	1485	844	300	5170
	万东地区	142	1273	688	312	4175
分类别	镇	314	1470	832	169	5170
	乡	58	1132	580	300	3995

资料来源：根据万州 372 个村庄的《村域现状分析及规划指引》整理。

　　根据表 5.2 的统计数据，可以得到万州 372 个村庄的总人口数为 52.4 万人①，每个村庄的平均人口为 1408 人，标准差为 802 人，说明万州村庄的平均人口规模并不大，但是村庄之间人口规模的差异程度总体较高。在 372 个村庄中，人口最多的是位于万西地区分水镇的黄泥凼村，其人口达到了 5170 人；而人口最少的村庄则是位于拟入围中心城区的天城镇老岩村，其人口数量仅为 169 人。

　　分区域来看。在拟入围中心城区，37 个村庄的平均人口规模为 1525 人，但是标准差达到了 928 人，说明村与村之间的人口规模差异较大；其中人口最少的为天城镇的老岩村，而人口规模最大的为长岭镇的凉水村，其人口规模达到了 4731 人。就万西地区 193 个村庄的情况而言，村庄的平均人口规模为 1485 人，略微高于整个万州区村庄的平均人口规模；从标准差可以看出，万西地区的人口离散程度也略微高于整个万州的平均水平；在村庄的最值方面，分水镇的黄泥凼村和柱山乡金牛村分别是万西地

──────────

　　① 需要说明的是，根据《万州统计年鉴 2018》，截至 2017 年，万州 448 个村庄共有农村常住人口 60.5 万人，本书所研究的 372 个村庄共有 52.4 万人，约占到了总数的 86.7%。这一方面说明了从人口总数层面来看，虽然部分村庄的数据存在缺失情况，但是本书所研究的 372 个村庄还是能够代表总体情况的。另一方面，本书所研究的人数为 52.4 万人，与总数相差了 76 个村庄，8 万人左右。考虑到本书缺失的村庄多在乡一级，其人口规模较小。进而说明本书所采用的万州 372 个村庄的《村域现状分析及规划指引》中的数据与《万州统计年鉴 2018》是能够匹配的，因而数据的质量是较高的。

区人口最多和最少的村庄。就万东地区 142 个村庄的情况而言，其平均人口规模为 1273 人，比万州 372 个村庄的平均人口规模低了 135 人，但是其标准差也低了 114 人，说明其村庄人口规模的离散程度明显好于整个万州区；万东地区拥有最多人口的村庄为新田镇的谭绍村，其人口规模达到了 4175 人，而人口最少的村庄则为龙驹镇的向东村和普子乡的金家村，它们的人口规模同为 312 人。

分类别的情况来看。镇与乡之间在平均人口规模、离散程度等方面也存在一定的差异，但是在最小村庄人口规模方面的差距较小。位于镇的 314 个村庄平均人口规模与位于乡的 58 个村庄平均人口规模之间相差 338 人，前者的村庄平均人口规模为 1470 人，而后者也达到了 1132 人。但是从离散程度来看，位于镇的村庄的离散程度明显高于位于乡的村庄的离散程度。在最大值与最小值方面，在 12 个乡 58 个村庄中，人口规模最小的村庄为柱山乡的金牛村，其人口规模为 300 人，甚至比人口规模最小的天城镇老岩村多出了 131 人。在最大值方面，12 个乡中人口规模最大的村庄为位于恒合土家族乡的国兴村，其人口规模达到了 3995 人，超过了绝大多数位于镇的村庄，但是比人口规模最大的分水镇黄泥凼村少 1175 人。

5.3.2　万州 372 个村庄总体分析

本章在对万州 372 个村庄的人口规模数据进行了描述性统计分析之后，可以看出无论是区域总体还是区域内部以及镇和乡之间村庄的人口规模均存在一定的差异。为了对现有的研究进行深化，本章采用与第 3 章类似的结构，采用李爱民（2013）的方法，根据万州 372 个村庄人口规模的平均值和标准差，对 372 个村庄按照低级水平、中低级水平、中级水平和高级水平 4 个层次进行划分，进而对村庄层面的人口规模水平分布情况进行了解，具体的划分结果见表 5.3。

表 5.3　　　　　　　　2017 年万州区 372 个村庄人口分布分层次划分

等级划分	划分标准	规模范围（人）	村庄		拟入围中心城区村庄数（个）	万西地区村庄数（个）	万东地区村庄数（个）	位于镇的村庄数（个）	位于乡的村庄数（个）
			数量（个）	占比（%）					
低级水平	$0 \leq M \leq M_0 - 0.5ST$	[0, 1007]	126	33.9	12	60	54	95	31
中低级水平	$M_0 - 0.5ST < M \leq M_0$	(1007, 1408]	95	25.5	9	51	35	80	15
中级水平	$M_0 < M \leq M_0 + 0.5ST$	(1408, 1809]	72	19.4	6	34	32	65	7
高级水平	$M > M_0 + 0.5ST$	(1809, ∞)	79	21.2	10	48	21	74	5

注：M_0 表示万州区 372 个村庄人口规模的平均值；M 表示村庄的人口规模；ST 表示村庄人口规模的标准偏差。2017 年，万州区 372 个小村庄的平均人口规模为 1408 人，标准偏差为 802 人。

资料来源：根据万州 372 个村庄的《村域现状分析及规划指引》整理。

基于表 5.3 可以看出，在万州区 372 个村庄中，处于低级水平和中低级水平的村庄的数量较多，达到了 221 个，将近占到了总数的 60%。这一结果一方面说明有接近 60% 的村庄人口规模不高于万州 372 个村庄的平均规模，另一个方面印证了万州村庄人口规模分布的不均等。处于中级水平的村庄的数量为 72 个，占总体的数量比重为 19% 左右；处于高级水平的村庄的数量为 79 个，约占总体的数量比重为 21%。这一数据说明村庄人口规模超过万州 372 个村庄平均水平的村庄比重为 40% 左右，而其中人口规模超过了 1809 人的村庄有 79 个，占村庄总数的 21% 左右。

从拟入围中心城区、万西地区、万东地区 3 个区域的对比情况来看，拟入围中心城区有 21 个村庄的人口规模没有高于万州区村庄的平均水平 1408 人，16 个村庄的人口规模超过了该平均水平，二者所占的比重分别为 57% 和 43% 左右。万西地区 193 个村庄中，有 111 个村庄的人口规模处于低级水平和中低级水平，所占比例约为 58%；高于万州区村庄平均水平的村庄数量为 82 个，约占总数的 42%。万东地区则有 89 个村庄处于低级水平和中低级水平，占总数的63%左右；处于中级水平和高级水平的村庄数量为53个，其所占比例约为37%。

从乡镇的对比情况来看，与区域之间的对比不同，乡镇之间存在显著的差异情况。有175个位于镇的村庄的人口规模是低于或等于万州区村庄平均水平的，占到了314个位于镇的村庄的56%左右。这也意味着高于万州区村庄平均水平的位于镇的村庄的数量为139个，为总数的44%左右。在乡的层面，58个乡中，位于低级水平和中低级水平的村庄为46个，处于中级水平和高级水平的村庄为12个，所占比重分别约为79%和21%。这一结果说明乡镇之间村庄人口分布情况是差异较大的。

本节分析了万州372个村庄总体的人口分布形态，以及按照样本总体的平均值和标准差划分标准下3个区域的分布形态。接下来，将就拟入围中心城区、万西地区和万东地区区域内的村庄人口规模分布形态进行分析。

5.3.3 拟入围中心城区分层次水平分析

本节首先对属于万州核心城区的天城镇等4个小城镇进行分析，参照李爱民（2013）的方法，我们依然基于平均值和标准差划分为4个等级。拟入围中心城区的具体分层次水平结果见表5.4。

表5.4   2017年拟入围中心城区37个村庄人口分布分层次划分

等级划分	划分标准	规模范围（人）	村庄数（个）	所占百分比（%）
低级水平	$0 \leqslant M \leqslant M_0 - 0.5ST$	[0，1061]	12	32.4
中低级水平	$M_0 - 0.5ST < M \leqslant M_0$	(1061，1525]	11	29.7
中级水平	$M_0 < M \leqslant M_0 + 0.5ST$	(1525，1989]	6	16.2
高级水平	$M > M_0 + 0.5ST$	(1989，∞)	8	21.7

注：M_0 表示拟入围中心城区37个村庄人口规模的平均值；M 表示村庄的人口规模；ST 表示村庄人口规模的标准偏差。2017年，拟入围中心城区37个村庄的平均人口规模为1525人，标准偏差为928人。

资料来源：根据拟入围中心城区37个村庄的《村域现状分析及规划指引》整理。

根据表5.4的结果，在进行区域内部分析之后，可以看到拟入围中心城区内部的分化是较为严重的。人口规模低于该区域平均数1525人的村庄的数量为23个，比重约为62%。其中，处于低级水平的村庄数量为12个，具体包括高峰镇的赵家村、九池乡的普安村等12个村庄，所占比重约为32.4%；而处于中低级水平的村庄数量为11个，具体包括长岭镇的老土村、立苇村等11个村庄，所占比重约为30%。同时，这也意味着人口规模超过拟入围中心城区平均水平的村庄数量为14个，所占比重约为38%。另外，在人口规模大于1989人的高级水平层级，拟入围中心城区共有8个村庄，包括天城镇的万和村、傅沟村和长岭镇的凉水村、乔家村等8个村庄，其所占比重约为22%。在人口规模为1525～1989人的中级水平区间，仅有长岭镇的茶店村和天城镇的绿茶村等6个村庄，所占比重约为16%。

5.3.4 万西地区分层次水平分析

万西地区共有小城镇18个，其中镇16个，乡2个。根据表5.1，可以看出万西地区18个小城镇共有193个村庄。关于万西地区村庄人口分布的具体结果见表5.5。

表5.5   2017年万西地区193个村庄人口分布分层次划分

等级划分	划分标准	规模范围（人）	村庄数（个）	所占百分比（%）
低级水平	$0 \leq M \leq M_0 - 0.5ST$	[0, 1063]	65	33.7
中低级水平	$M_0 - 0.5ST < M \leq M_0$	(1063, 1485]	53	27.8
中级水平	$M_0 < M \leq M_0 + 0.5ST$	(1485, 1907]	32	16.6
高级水平	$M > M_0 + 0.5ST$	(1907, ∞)	43	21.9

注：M_0表示万西地区193个村庄人口规模的平均值；M表示村庄的人口规模；ST表示村庄人口规模的标准偏差。2017年，万西地区193个村庄的平均人口规模为1485人，标准偏差为844人。

资料来源：根据万西地区193个村庄的《村域现状分析及规划指引》整理。

根据表 5.5 的结果，可以看到约 61.5% 的村庄的人口规模都是处于低级水平和中低级水平，约 38.5% 的村庄所拥有的人口数量高于万西地区的平均水平。在人口规模位于 0~1063 人的低级水平区间的村庄有郭村镇的双福村、瀼渡镇的河溪村和弹子镇的龙峡村等 65 个村庄，所占比重约为34%。在人口规模为 1063~1485 人的中低级水平区间，有后山镇的天元村、响水镇的宝莲村等 53 个村庄，所占比重约为 28%。在人口规模为1485~1907 人的中级水平区间，有后山镇的石关村和甘宁镇的石庙村等32 个村庄，所占比重约为 17%。在人口规模最大的高级水平区间，人口规模超过了 1907 人的村庄有熊家镇的蜡烛村、小周镇的马道村等 43 个村庄。万西地区的分布情况与拟入围中心城区类似，处于 4 个水平层级的村庄比例大致相同。另外，人口规模处于高级水平的村庄的数量占到了万西地区总数的 20% 以上。

5.3.5　万东地区分层次水平分析

万东地区共有小城镇 19 个，其中镇 10 个，乡 9 个；共有村庄 142个。关于万东地区的具体结果见表 5.6。

表 5.6　　　　　2017 年万东地区 142 个村庄人口分布分层次划分

等级划分	划分标准	规模范围（人）	村庄数（个）	所占百分比（%）
低级水平	$0 \leq M \leq M_0 - 0.5ST$	[0, 929]	47	33.1
中低级水平	$M_0 - 0.5ST < M \leq M_0$	(929, 1273]	38	26.8
中级水平	$M_0 < M \leq M_0 + 0.5ST$	(1273, 1617]	38	26.8
高级水平	$M > M_0 + 0.5ST$	(1617, ∞)	19	13.3

注：M_0 表示万东地区 142 个村庄人口规模的平均值；M 表示村庄的人口规模；ST 表示村庄人口规模的标准偏差。2017 年，万东地区 142 个村庄的平均人口规模为 1273 人，标准偏差为688 人。

资料来源：根据万东地区 142 个村庄的《村域现状分析及规划指引》整理。

基于表 5.6 的结果，可以看出与万州 372 个村庄总体以及拟入围中心城区、万西地区不同，万东地区村庄人口的分布状况更为平均，位于中低级水平和中级水平村庄的数量占到了一半以上。万东地区在各个层级村庄数量的分布呈现出递减趋势。在人口规模位于 0~929 人的低级水平区间的村庄有新田镇的义和村、走马镇的坝梁村和白菜村等 47 个村庄，所占比重约为 33%。在人口规模为 929~1273 人的中低级水平区间，有走马镇的冒水村、罗田镇的阳坪村等 38 个村庄，所占比重约为 27%。在人口规模为 1273~1617 人的中级水平区间，有白土镇的石家村、长滩镇的清河村等 38 个村庄，所占比重同样约为 27%。在人口规模最大的高级水平区间，人口规模超过了 1617 人的村庄有长滩镇的太白溪村、太安镇的红丰村等 19 个村庄，所占比重约为 13%。这一结果说明与拟入围中心城区和万西地区不同，万东地区并没有出现两极分化的情况。

5.3.6 拟入围中心城区、万西地区与万东地区的比较分析

结合表 5.2~表 5.6 可以看出，拟入围中心城区村庄的人口规模是最大的，其次为万西地区，最后是万东地区，这一结果与三者的经济发展水平和区位优势是相匹配的。在区域内部的村庄人口规模分布形态方面，拟入围中心城区与万西地区都呈现出了一定程度的两极分化态势，而万东地区则为金字塔形的分布态势。根据前文的分析结果，可以看到拟入围中心城区和万西地区人口规模处于高级水平的村庄的比重分别为 21.7% 和 21.9%，较万东地区高出约 8%。这一结果与三个区域的标准差也是基本相符的。根据表 5.2 的结果，拟入围中心城区的标准差为 928 人，万西地区和万东地区则分别为 844 人和 688 人。这一结果说明在经济水平更高、具有更好区位条件、基础设施等条件的区域的村庄也存在人口分化和集聚的现象。

5.4 万州 372 个村庄人口空间分布特征分析

如前文所言，本书并未掌握万州 372 个村庄的矢量地图，因而无法采

用全局 Moran's I 指标和局部 Moran's I 指数来分析村庄人口是否在全局和局部呈现出集聚的态势。同时，笔者认为采用这一分析方法的意义不大。首先，万州村庄层面的整体经济水平相对较低，人口在村庄间进行集聚的可能性较小。根据万州 372 个村庄的《村域现状分析及规划指引》，本书收集到 2017 年 372 个村庄居民的人均可支配收入为 6483 元左右，而重庆全市 2017 年农村常住居民人均可支配收入为 12638 元①，前者只有后者的 51% 左右。为了获得更高的收入，农村居民通常会选择进入万州核心城区、重庆主城抑或是东南沿海等经济发展水平相对较高的地区，至少也会选择到经济实力较强的小城镇进行居住和就业。其次，根据本书第 3 章关于三峡重庆库区 383 个小城镇全局 Moran's I 指数的测算结果，在村庄层面，全局 Moran's I 指数也较小。因而，可以推断在村庄层面的集聚水平很可能更低甚至不具有显著性。基于此，本章对万州 41 个小城镇的村庄人口进行汇总，以小城镇为单位来反映万州村庄人口的分布情况见表 5.7。

表 5.7　　　　　万州 41 个小城镇 372 个村庄人口分布情况　　　　单位：人

地区	镇乡名	村庄人口
拟入围中心城区	长岭镇	13585
	高峰镇	13606
	天城镇	21921
	九池乡	8313
万西地区	龙沙镇	14910
	武陵镇	14441
	分水镇	46337
	余家镇	27325
	甘宁镇	29419
	熊家镇	17875
	小周镇	6105
	大周镇	8381

---

① 资料来源：《重庆统计年鉴 2018》。

续表

地区	镇乡名	村庄人口
万西地区	高粱镇	27662
	李河镇	17380
	孙家镇	7409
	响水镇	10499
	后山镇	16599
	弹子镇	11889
	瀼渡镇	5923
	郭村镇	16000
	柱山乡	2220
	铁峰乡	6267
万东地区	龙驹镇	19443
	新田镇	16685
	新乡镇	6854
	走马镇	17137
	罗田镇	12149
	白土镇	12061
	长滩镇	12864
	太安镇	12175
	白羊镇	16046
	太龙镇	4656
	燕山乡	4546
	茨竹乡	4262
	溪口乡	4327
	长坪乡	4378
	梨树乡	2531
	恒合土家族乡	13428
	普子乡	5582
	地宝土家族乡	4578
	黄柏乡	7071

资料来源：据万州 372 个村庄的《村域现状分析及规划指引》测算整理。

根据表 5.7，拟入围中心城区、万西地区和万东地区的村庄人口总数分别为 57425 人、286605 人和 180773 人。其中村庄人口最多的小城镇为位于万西地区的分水镇，其人数达到了 46337 人。在人口最少的小城镇方面，由于本文仅统计了柱山乡 3 个村庄的数据，另有 6 个村庄的数据并未进行统计，所以，虽然在表 5.7 中，其人口最少，仅有 2220 人，但是由于数据的缺失原因，本书并不认为其是村庄人口最少的小城镇。在对数据进行核对以后，本书认为万州 41 个小城镇中村庄人口最少的小城镇应该是仅有 3 个村庄的万东地区的梨树乡，其村庄人口仅为 2531 人。在拟入围中心城区，村庄人口最多的小城镇为天城镇，其人数达到了 21921 人，而人数最少的则为九池乡，其人数为 8313 人；在万西地区，村庄人口最多的小城镇为分水镇，而人数最少的则为铁峰乡或数据缺失的柱山乡；在万东地区，村庄人口最多的为龙驹镇，其人数超过了 19000 人，而人数最少的则是梨树乡。

在乡、镇的分类别比较中，分水镇是村庄人口最多的镇，而村庄人口数为 4656 的太龙镇则是村庄人口最少的镇。在乡级层面，位于万东地区的恒合土家族乡则是村庄人口最多的乡，而梨树乡则是村庄人口最少的乡。

5.5　差异特征分析

第 4 章采用变异系数对三峡重庆库区小城镇层面的人口分布的差异特征进行了分析。本节将同样采用变异系数这一统计分析方法对万州 41 个小城镇 372 个村庄人口的差异特征进行分析。具体的结果见表 5.8。

表 5.8　　万州 41 个小城镇 372 个村庄人口分布差异特征

地区	镇乡名	变异系数
拟入围中心城区	长岭镇	0.64
	高峰镇	0.28
	天城镇	0.67
	九池乡	0.41

续表

地区	镇乡名	变异系数
万西地区	龙沙镇	0.31
	武陵镇	0.35
	分水镇	0.61
	余家镇	0.32
	甘宁镇	0.50
	熊家镇	0.51
	小周镇	0.31
	大周镇	0.73
	高粱镇	0.62
	李河镇	0.59
	孙家镇	0.29
	响水镇	0.42
	后山镇	0.4
	弹子镇	0.43
	瀼渡镇	0.44
	郭村镇	0.28
	柱山乡	0.36
	铁峰乡	0.27
万东地区	龙驹镇	0.58
	新田镇	0.55
	新乡镇	0.13
	走马镇	0.40
	罗田镇	0.41
	白土镇	0.34
	长滩镇	0.46
	太安镇	0.41
	白羊镇	0.40
	太龙镇	0.93

续表

地区	镇乡名	变异系数
万东地区	燕山乡	0.43
	茨竹乡	0.39
	溪口乡	0.33
	长坪乡	0.14
	梨树乡	0.69
	恒合土家族乡	0.64
	普子乡	0.60
	地宝土家族乡	0.48
	黄柏乡	0.43

资料来源：根据万州 372 个村庄的《村域现状分析及规划指引》测算整理。

　　根据表 5.8 的数据来看，万州 41 个小城镇 372 个村庄人口分布的平均变异系数值为 0.45，拟入围中心城区的平均变异系数值为 0.50，万西地区的平均变异系数值为 0.43，万东地区的平均变异系数值为 0.46。这一结果说明在小城镇层面，拟入围中心城区的离散程度最大，其次为万东地区，最后为万西地区。在 41 个小城镇中，村庄人口分布变异系数值最大的是位于万东地区的太龙镇，其变异系数值达到了 0.93，说明其辖域内 4 个村庄在人口分布方面存在极大的差异。村庄人口分布变异系数值最小的新乡镇同样位于万东地区，其值仅为 0.13，说明新乡镇的 5 个村庄的人口分布更为平均，村庄间人口分布的差异非常小。

　　在乡、镇的差异方面，29 个镇的平均变异系数值为 0.57，而 12 个乡的平均变异系数值为 0.51。镇的变异系数值比乡高出 0.06，说明镇域内村庄之间的人口规模的差异程度略微高于乡域内村庄之间的人口规模的差异程度。需要说明的是，由于本书所掌握的数据有限，镇级层面村庄数据的缺失情况较少，而乡级层面的数据缺失情况较为严重，所以这一结论是有待于进一步验证的。结合区域以及乡、镇的差异特征，可以发现，在经济发展水平越高、区位条件越好的地区，其村庄人口差异程度越大。反之，在区位优势不明显、经济发展水平相对较低的地区，其村庄人口差异程度则越小。

表 5.9 总结了万州 41 个小城镇村庄层面人口规模变异系数的具体分布范围。

表 5.9 　　　　　万州 41 个小城镇 372 个村庄人口分布变异系数　　　单位：个

变异系数范围	小城镇个数			
	万州	拟入围中心城区	万西地区	万东地区
[0.1, 0.2)	2	0	0	2
(0.2, 0.3]	4	1	3	0
(0.3, 0.4]	12	0	6	6
(0.4, 0.5]	9	1	3	5
(0.5, 0.6]	6	0	3	3
(0.6, 0.7]	6	2	2	2
(0.7, +∞)	2	0	1	1
合计	41	4	18	19

从分布态势来看，万州 41 个小城镇中 33 个小城镇的村庄人口分布变异系数值位于 0.3～0.7 之间，占总数的 80.49%，说明总体上呈现出正态分布的态势，即处于村庄人口分布离散程度极大和极小的小城镇的数量少，位于二者之间的数量最多。就具体的占比情况而言，变异系数值处于 0.1～0.3 的小城镇共有 6 个，占总数的 14.63%；变异系数值处于 0.7 以上这一较高区域的小城镇的数量为 2 个，占总数的 4.88%。

结合表 5.8 和表 5.9 来看，拟入围中心城区 4 个小城镇的变异系数分布情况分别为高峰镇 0.28、九池乡 0.41，长岭镇 0.64 和天城镇 0.67，其中，长岭镇和天城镇村庄间的差异情况远高于万州 372 个村庄的平均水平 0.45，高峰镇和九池乡则低于平均水平。

就万西地区的情况而言，18 个小城镇中的 12 个小城镇的村庄人口分布变异系数值位于 0.2～0.5 之间，另外有 5 个小城镇位于 0.5～0.7 的水平之间，只有 1 个小城镇的变异系数值大于 0.7。这一结果说明万西地区小城镇村庄人口的分布总体较为平均，2/3 的小城镇的村庄人口分布都是低于或接近万州 372 个村庄的平均水平，只有 1/3 的小城镇是高于平均水平的。

就万东地区的情况来看，与万西地区不同，万东地区有 2 个小城镇的村庄人口分布变异系数值为 0.1 ~ 0.2，说明这两个小城镇内村庄间人口规模的分布是十分平均的。低于或接近万州 372 个村庄的平均水平小城镇的数量为 13 个，占到总共 19 个小城镇的 68% 左右。与万西地区的情况类似，处于变异系数值大于 0.7 这一区间范围的小城镇同样有 1 个。另外，处于 0.5 ~ 0.7 之间的小城镇的数量有 5 个，占总数的 26% 。

5.6 本章小结

本章以三峡库区的典型区域万州的 41 个小城镇 372 村庄作为研究范围，根据区位优势、经济发展水平等因素将研究区域划分为拟入围中心城区、万西地区和万东地区三个部分，进而从总体特征、空间分布特征和差异特征三个方面对小城镇人口的分布情况进行了分析。

在总体特征方面，从描述性统计数据可以看出，万州 372 个村庄的平均人口规模相对偏小，但是村庄间的人口规模分布差异较大。从区域来看，拟入围中心城区 37 个村庄的平均人口规模最大，为 1525 人；其次为万西地区，其平均人口规模为 1485 人；最后是万东地区，其平均人口规模为 1273 人。村庄人口的离散程度与平均人口规模一致。从乡镇的情况来看，314 个镇的平均人口规模为 1470 人，而 58 个乡的人口规模则相对较小，仅有 1132 人。但是位于镇的村庄人口的离散程度明显高于乡。在对万州区 372 个村庄进行水平划分之后，本章研究发现，万州区 372 个村庄中处于低级水平和中低级水平的村庄比处于中级和高级水平的村庄明显偏多。拟入围中心城区有约 57% 的村庄的人口规模小于等于万州 372 个村庄的平均水平，而万西地区和万东地区的这一比例分别达到了 58% 和

63%。另外，位于镇的 314 个村庄的 175 个村庄的人口规模没有超过万州 372 个村庄的平均水平，其比重约为 56%。而位于乡的 58 个村庄有 46 个村庄的人口规模处于万州 372 个村庄的平均水平以下，这一比例为 79%。

在空间分布特征方面，由于缺乏矢量地图，本章从小城镇层面进行了分析。从小城镇的村庄人口分布情况来看，万州村庄人口的分布总体呈现出西高东低的分布态势，且区域内部村庄人口规模大和规模小的小城镇分化集聚的特征较为明显。村庄人口规模较小的小城镇绝大多数都位于万东地区，万西地区仅有铁峰乡和柱山乡的村庄人口规模低于 8300 人。村庄人口数量最多的小城镇是位于万西地区的分水镇，而村庄人口数量最少的小城镇则应该是位于万东地区的仅有 3 个村庄的梨树乡。

在差异特征方面，万州 372 个村庄人口分布的平均变异系数值为 0.57，拟入围中心城区、万西地区和万东地区的平均变异系数值分别为 0.50、0.43 和 0.46。这一结果说明拟入围中心城区的村庄人口离散程度高于万州平均水平，而万西地区则持平，万东地区则是低于万州平均水平。从乡镇的情况来看，29 个镇的平均变异系数值为 0.57，而 12 个乡的平均变异系数值则仅有 0.51，表明位于镇的村庄的人口离散程度明显高于位于乡的村庄的人口离散程度。在 41 个小城镇中，从分布态势来看，41 个小城镇的村庄人口分布变异系数总体为正态分布态势，其中 33 个小城镇的变异系数位于 0.3 ~ 0.7 之间。

第6章

三峡重庆库区小城镇人口
分布影响因素研究

本书在前面部分对三峡重庆库区 383 个小城镇的人口分布特征进行了分析和梳理，但是本书并未就造成这一分布现状的原因进行讨论。如第 3 章所研究发现的，三峡重庆库区 383 个小城镇的全局 Moran's I 指数值为 0.205，同时通过了显著性检验，这说明三峡重庆库区小城镇的人口分布在一定程度上具有空间集聚性。因此在对影响因素进行研究时，仅采用多元回归模型进行分析则可能忽略空间外溢性的影响，容易造成估计结果的有偏。因此，本章基于 2020 年重庆市乡镇基本数据统计表、2019 年重庆市所有小城镇主要指标分区县分析表、2018 年的《万州统计年鉴》等三峡重庆库区 15 个区县的统计年鉴等数据，采用空间计量模型对影响三峡重庆库区 383 个小城镇人口分布的因素进行回归估计。

6.1　研究方法

6.1.1　空间计量模型

本章主要采用常用的空间滞后模型（spatial lag model，SLM）和空间误差模型（spatial error model，SEM）两类模型。空间滞后模型和空间误差模型所代表的经济意义具有显著的不同。空间滞后模型的关注核心是因变量，假定其他所有解释变量都会通过一定的空间传导机制对因变量进行影响。空间误差模型的关注焦点则是误差项，假定空间内所产生的溢出效应来源于误差项，并且是随机冲击所致（Anselin et al.，2010）。

（1）空间滞后模型，又称空间自回归模型（spatial autoregressive model，SAR）。如果空间交互效应或空间自相关性来源于实质性相关，如区域间贸易，劳动、资本、技术和知识流动等，则可以通过加入因变量的空间滞后因子进行分析。空间滞后模型公式如下：

$$Y_{i,t} = \alpha + \rho \sum_{j=1}^{N} W_{i,j} Y_{i,t} + \beta X_{i,t} + c_i + \mu_t + \varepsilon_{i,t} \tag{6.1}$$

（2）空间误差模型。由于变量具有隐蔽性，加之政策性变量无法准确测量等原因，导致在构建模型的过程中会遗漏一些与因变量相关的变量，同时区域间可能产生的随机误差会冲击空间溢出效应。空间误差模型公式如下：

$$Y_{i,t} = \alpha + \beta X_{i,t} + c_i + \mu_t + v_{i,t} \tag{6.2}$$

其中，

$$v_{i,t} = \lambda \sum_{j=1}^{N} W_{i,j} v_{i,t} + \varepsilon_{i,t} \tag{6.3}$$

在式（6.1）和式（6.2）中，$Y_{i,t}$ 表示在 t 时间，截面单位 i 的内生变量值（$i = 1, 2, \cdots, N$；$t = 1, 2, \cdots, T$）；$X_{i,t}$ 为 $n \times k$ 的外生解释变量矩阵；β 是解释变量的回归系数，形式为 $k \times 1$ 维系数向量；ρ 为空间自回归系数（spatial autocorrelation coefficient），取值为 $-1 \sim 1$，用以刻画被解释变量 $Y_{i,t}$ 与相邻单元的被解释变量 $Y_{i,t}$ 的相互影响程度，其取值范围为 $(\frac{1}{r} \min, 1)$，其中 $\frac{1}{r} \min$ 为进行标准化处理后的空间权重矩阵的最小纯实数根（Lesage and Pace，2009）；θ 则为解释变量的空间自回归系数；$W_{i,j}$

为 $n \times n$ 阶的非负空间权重矩阵构成元素；$\varepsilon_{i,t}$ 为服从独立分布的随机误差项，其取值为 $(0, \delta^2)$，λ 为随机误差项的空间自相关系数；c_i 表示空间特定效应（spatial specific effects），μ_t 表示时间特定效应（time period specific effects）。

6.1.2　空间矩阵

空间溢出效应是空间计量经济学诞生和发展的基础，而空间矩阵中的权重则对空间单元之间的关联性及其程度进行了设定。因此，在开展空间经济学分析之前，选择合适的空间矩阵是十分关键的。

空间权重矩阵是外生的 $n \times n$ 阶矩阵，具体表达形式为 $W_{n \times n}$，阐述的是区域 i 和区域 j 之间空间外生信息。其中主对角线的元素表示的是 $i = j$，设置为0，在矩阵设置中为了减少或消除区域间外在影响，最后进行标准化处理，使得每行元素的和为1。空间权重矩阵表示式如下：

$$W = \begin{bmatrix} 0 & W_{12} & \cdots & W_{1n} \\ W_{21} & 0 & \cdots & W_{2n} \\ \vdots & \vdots & & \vdots \\ W_{n1} & W_{n2} & \cdots & 0 \end{bmatrix} \tag{6.4}$$

空间权重矩阵的具体设置方法有多种，通常的做法是根据所要研究问题的特征来对空间权重进行确定。当前，以经济指标或地理指标对空间权重进行设置是最常见的做法。比如空间权重矩阵设置方法有多种，一般根据实际研究问题的空间依赖性特点来确定权重、邻接矩阵、空间距离矩阵、距离衰减权重矩阵和经济权重矩阵等。而其中，邻接矩阵中的二进制邻接矩阵的应用最为广泛。

6.1.2.1　二进制邻接矩阵

二进制邻接矩阵是目前空间计量模型回归中采用最为广泛的矩阵，矩阵假定区域单元间在具有共同的边界时，空间关联才会发生。该权重矩阵的优点在于设置简便易行，缺点在于设置条件比较严苛，模型仅考虑了相邻地区的空间交互效应，导致其代表的经济和地理意义等较为薄弱。该矩阵设置规划为：

$$W_{i,j} = \begin{cases} 1, & \text{当区域 } i \text{ 和 } j \text{ 相邻} \\ 0, & \text{当区域 } i \text{ 和 } j \text{ 不相邻或 } i = j \end{cases} \quad (6.5)$$

在式（6.6）中，i、j 分别代表第 i 和第 j 区域单元。目前，二进制邻接矩阵一般通过 Rook 邻近计算得来（Anselin，2003）。具体的设置规则为：若两个空间单元相邻则 $W_{i,j}$ 取值为 1，反之则取值为 0，所以该矩阵又称之为 0 – 1 矩阵。

6.1.2.2　空间距离权重矩阵

空间距离权重矩阵是基于"有限距离"的理论基础上构建的，该理论认为空间单元的联系程度只在一定距离产生，如果超过这一距离，空间联系将消失。矩阵设置规则如下：

$$W_{i,j} = \begin{cases} 1, & \text{当区域 } i \text{ 和 } j \text{ 在距离 } d \text{ 以内} \\ 0, & \text{当区域 } i \text{ 和 } j \text{ 的距离超过 } d \text{ 或 } i = j \end{cases} \quad (6.6)$$

在式（6.6）中，i、j 分别代表第 i 和第 j 区域单元。d 通常为常数项，表示人为设定的联系最大限度，区域间距离在此数值之内，则 $W_{i,j}$ 取值为 1，反之则取值为 0。

6.1.2.3　距离衰减权重矩阵

二进制邻近矩阵和空间衰退矩阵只根据两者是否邻近或两者间距离简单地取值 1 或 0，不能很好地表现空间单元的差异性，所以提出距离衰减权重矩阵，即：空间系统中，区域单元间的空间联系随着空间距离的扩大而缩小，表示式为：

$$W_{i,j} = \begin{cases} \dfrac{1}{d_{i,k}^2}, W_{i,j}^* = \dfrac{W_{i,j}}{\sum_j W_{i,j}}; i \neq j \\ 0, i = j \end{cases} \tag{6.7}$$

在式（6.7）中，i、j 分别代表第 i 和第 j 区域单元，$d_{i,j}$ 表示区域 i 和 j 区域之间的距离。当 $i = j$ 时，$W_{i,j}$ 取值为 0，$W_{i,j}^*$ 是进行标准化处理后的矩阵。

6.1.2.4 空间经济权重矩阵

上述第三种空间权重矩阵是基于空间距离设置的，未考虑区域单元之间存在的经济、文化等联系。基于此，许多学者提出了多种基于区域间经济发展水平、交通物流发展、对外发展水平、劳动力流动状况等经济元素设置空间权重的方法。该理论认为，地区经济以及社会发展的差异会影响区域间空间辐射效应的发挥，且这种影响是不对等的，发达地区对落后地区的影响程度要强于后者对前者的影响。空间经济权重矩阵表示式为：

$$W_{i,j} = \begin{cases} \dfrac{1}{|G_i - G_j|}, W_{i,j}^* = \dfrac{W_{i,j}}{\sum_j W_{i,j}}; i \neq j \\ 0, i = j \end{cases} \tag{6.8}$$

在式（6.8）中，i、j 分别代表第 i 和第 j 区域单元；G_i 和 G_j 分别表示 i 区域和 j 区域的经济变量值，在实际研究中更多的研究采用 GDP 来设置；$|G_i - G_j|$ 可以表现区域单元间的差异程度，其数值越大，表示区域经济差异越大，反之则越小。其倒数形式 $\dfrac{1}{|G_i - G_j|}$ 则代表空间单元间的联系程度，数值越大联系性越高，反之则越低。$W_{i,j}^*$ 是进行标准化处理后的矩阵。

6.1.3 空间计量模型检验方法

在进行空间计量估计之前，首先需要对空间依赖性进行检验，以确定是否需要采用空间计量模型来进行估计；其次，需要根据相关检验来对空间计量模型进行选择；最后，对回归系数进行准确的估计。其中，选择何种空间计量模型对于是否能够开展有效且成功的研究至关重要。因此，首先应该对具体采用哪种模型进行检验。根据诸多文献（Anselin，2010；Lesage and Pace，2009；龙小宁等，2014），空间计量模型检验与选择的主要指标以及方法包括 Moran's I 指数、拉格朗日乘数方法等。Moran's I 指数主要用于确定是否具有空间相关性，并不能够成为确定采用何种模型的依据，而拉格朗日乘数方法则可以用于确定具体是选择空间滞后模型还是空间误差模型。安瑟林和弗洛拉克斯（Anselin and Florax，1995）提出采用拉格朗日乘数的两种形式 LM – lag、LM – error 以及其稳健性形式 Robust LM – lag、Robust LM – errorr 对是采用空间滞后模型还是空间误差模型进行选择。当在 LM 检验中，LM – lag 优于 LM – error，同时 Robust LM – Lag 也优于 Robust LM – error 时，选择空间滞后模型；当 LM – lag 弱于 LM – error，同时 Robust LM – lag 也弱于 Robust LM – error 时，则选择空间误差模型。根据以上分析，本书在开展空间计量分析时，将遵循 OLS – SLM 或 OLS – SEM 的顺序来进行。首先，通过最小二乘法确定 LM 检验值，进而检测是否存在空间相关性；其次，参照安瑟林和弗洛拉克斯（Anselin and Florax，1995）提出的选择方法对模型进行选择。

6.2　研究假设

根据空间计量经济学的相关理论，空间单元的某些属性值不仅受到区域内部某些要素的影响，同时还会受到相邻空间单元溢出效应的影响。勒萨热和佩斯（Lesage and Pace，2009）认为，忽略空间溢出效应的经济增长研究可能会存在估计结果有偏见而造成主要结论可信度不高的问题。当前学术界关于人口分布的研究仍然主要从影响因素的直接效应出发，多数文献都没有对区域间的空间关联进行考虑，缺乏关于邻近空间单元所产生的溢出效应对于人口分布影响的研究。实际上，经济系统中的地区单元并不是作为独立的个体存在的，某一空间单元在经济发展、产业结构等方面取得的成就和演变是可以被其他空间单元观测的。并且，经济发展等方面还会通过空间溢出效应对周边小城镇的人口分布状况产生影响。伴随着交通设施以及信息化技术的进一步完善和发展，小城镇之间的空间溢出效应还将进一步加大，对于周边小城镇人口分布的影响还将进一步加强。区域之间的联系也将更为紧密。鉴于此，本章以此为切入点，分析相关变量对三峡重庆库区 383 个小城镇人口分布的直接影响以及对相邻区域人口分布的空间溢出影响。

6.3　变量选取与模型构建

6.3.1　三峡重庆库区小城镇影响因素的机理分析

当前关于人口分布的影响因素较多，如经济发展水平、基本公共服务设施等。本章在前面理论基础以及相关学者研究成果的基础上，结合三峡重庆库区小城镇的实际情况，从经济发展水平、基本公共服务设施、产业结构、核心城区的辐射效应和区域差异 5 个方面进行分析。

（1）经济发展水平。刘易斯（Lewis，1954）阐述了二元经济形成的原理，本质上是由于城乡之间在经济发展水平上存在差异造成的。在我国过去的城镇化进程中，西部地区特别是小城镇和乡村的人口流失情况特别严重。大量的人口从这些地区流向了经济发展水平更高的东部沿海地区。造成这些人口背井离乡的重要原因之一就是东部沿海地区与西部地区在经济发展水平之间的差距。相较于农村，三峡重庆库区小城镇在产业发展、招商引资等方面具有一定的优势。但是面对东部沿海地区、重庆主城区、区县核心区域的竞争，区位优势不明显的小城镇存在产业层次较低，招商较为困难等问题，进而造成经济发展水平和工资待遇较低等问题。同时，由于产业结构、区位优势等方面的差异，小城镇之间的经济发展水平也存在一定的差异，进而造成小城镇人口分布的不均。

（2）基本公共服务设施。在我国的城镇化体系中，政府主导了资源的流向，小城镇的建设与发展也长期受到抑制。李强等（2012）归纳总结了我国推进城镇化的 7 种模式：建立开发区、建设新区和新城、城市扩展、旧城改造、建设中央商务区、乡镇产业化和村庄产业化。从这 7 种模式来看，政府毫无疑问都是最主要的设计者和执行者。在此背景下，我国形成了"自上而下"的城镇化发展体系。城镇体系的设置体现出了较强的政治特征，并且政治中心和经济中心相合一的趋势越发明显（顾朝林，1999）。人口、资金等生产要素也在城镇化的快速发展进程中重新发生配置。资源的向上集中让大中城市有了加速自身发展和改善基础设施的先机。同时，处于我国城镇体系底层的小城镇和乡村则呈现出了另一番景象。基础设施明显落后的问题层出不穷，城乡之间基本公共服务的差距日益扩大，严重制约了小城镇和乡村的发展。作为地处西部地区的三峡重庆库区小城镇，基本公共服务设施的落后直接制约了人口数量的增加。

（3）距城区距离。学术界关于城市的辐射效应研究由来已久，霍华德（Howard，1898）、富士田等（Fujita et al，2001）以及格拉泽（Glaeser，2012）都研究了城市发展对于外围城区的影响。在三峡重庆库区，虽然由于地理原因，大量小城镇距离区县核心城区较远，但是考虑到交通设施的发展以及城区的辐射效应，小城镇的建设与发展依然很可能会受到区县核心城区辐射效应的影响。三峡重庆库区区县核心城区对于小城镇的辐射效应主要体现在两个方面：一是经济发展的辐射效应。伴随着区县核心城区人口的增加和土地城镇化的发展，一些产业和基础设施等都会出现影响外溢的情况。二是基本公共服务方面的辐射效应。由于区县核心城区在教育、医疗等方面具有明显的优势，距离核心城区越近的小城镇居民更能享受到其辐射效应。因而，这些小城镇的人口流失相对较低。

（4）产业结构。经济发展对于小城镇基本公共服务设施水平的提升具有显著的促进作用，而经济发展的重要支撑则是相关的主导产业。不同的主导产业对于小城镇经济发展的推动力具有显著的差异，进而对于小城镇基本公共服务设施的影响也有所不同（郎付山，2015）。如本书第2章中所分析的，三峡重庆库区小城镇层面的一大问题就是产业结构的空心化问题严重。当前关于产业非农化的测度指标主要是第二、第三产业的产值或就业人数在区域总产值和总就业人数中的比例。根据2019年重庆市乡镇基本数据统计表，三峡重庆库区的383个小城镇的主导产业被划分为4个类别：工矿、商贸、旅游和农业。其中，以农业作为主导产业的小城镇数量最多，达到了241个。这一结果与詹培民（2005）和张志勇（2015）等的研究结论是相符的。基于本章的数据，本章将会以主导产业是农业和非农主导产业来作为小城镇产业结构的测度指标。主导产业不仅对小城镇的经济发展水平有着较大的影响，同时也与小城镇居民的就业有着直接的关联，因而本章将其作为重要影响因素加以考虑。

6.3.2 变量选取

（1）经济发展水平。如马克思（Marx，1867）的城乡融合理论与刘易斯（Lewis，1954）的二元经济理论所阐述的，较高的经济发展水平往往会吸引农村、郊区以及小城镇的人口向大城市流动，进而加速区域的城镇化进程。另外，从克鲁格曼（Krugman，1993，2001）等提出的人口集聚效应来看，大量的人口汇集将会加速经济的发展，因而二者之间存在双向互动的效应。基于此，为了避免经济发展水平和人口规模之间可能存在的内生性关系，本章拟采用2017年小城镇的人均GDP作为经济发展水平这一变量的具体指标。选择2017年小城镇人均GDP的另一个原因在于数据的可得性。如本章后面在数据来源中所描述的，除了2019年重庆市乡镇基本数据统计表以外，本章仅有2019年重庆市所有小城镇主要指标分区县分析表。

（2）基本公共服务设施。当前我国小城镇居民与城区居民在养老保险、医疗保险等社会保障方面的差距大幅缩小。从小城镇层面来研究社会保障，并不能体现出其基本公共服务的特殊性。基本公共服务可以划分为设施类和服务类（如社会保障）两大类。得益于我国政府近些年来在社会保障方面进行的诸多改革，小城镇居民与城区居民在养老保险、医疗保险等社会保障方面的差距大幅缩小。因此，分析社会保障等对于人口分布的影响作用和意义相对不大。基本公共服务设施受到行政等级、人口规模、经济发展等方面因素的影响，东部地区与中西部地区、核心城区与周边区县均表现出较大的差距。另外，基本公共服务设施在小城镇的发展过程中具有基础性作用（石忆邵，2013）。因此，本章选择基本公共服务设施而不是基本公共服务作为研究对象。本章在柏中强等（2015）等的研究基础上，选择医院数量、小学数量、中学数量、集中供水普及率作为基本公共服务设施的代理指标。

（3）距城区距离。它指小城镇到区县政府的最近距离。区县核心城区作为区县的政治中心、经济中心，通常具有相对较高的经济发展水平。为了考察核心城区对小城镇的人口分布在总体上的促进作用，本章将城镇与城区的距离作为变量分析核心城区对于小城镇人口分布的辐射效应。

（4）产业结构。小城镇受到幅员范围、人口数量等因素的制约，其主导产业往往较为单一（国家发展和改革委员会产业发展研究所，2004）。根据重庆市城乡建设委员会的划分，重庆市801个小城镇的主导产业分为五类：工矿、农业、商贸服务、历史文化、特色景观。就三峡重庆库区的情况而言，383个小城镇中主导产业为工矿、农业、商贸服务、历史文化、特色景观的小城镇的数量依次为：36个、238个、74个、19个和16个。由于主导产业为农业的小城镇的经济发展水平往往较低，因此本章将主导产业为农业的小城镇作为参照组，主导产业为工矿、商贸服务、历史文化、特色景观的小城镇作为基准组，将工矿、商贸服务等4个产业归并为非农主导产业，进而考察主导产业的非农化对于三峡重庆库区小城镇人口分布的影响。

另外，为了对不同区域进行比较，并进一步考察上述影响因素是否在不同的地区（库腹地区和库尾地区）对小城镇人口分布具有不同的促进作用，本章将在上述影响因素的基础上添加地区虚拟变量，即库尾地区和镇。

在数据的来源方面，与前文类似，本节的主要数据来源仍然主要为 2019 年重庆市乡镇基本数据统计表、2017 年重庆市所有小城镇主要指标分区县分析表。由于重庆市城乡建设委员会统计口径的调整，2019 年重庆市乡镇基本数据统计表没有再对重庆市 801 个小城镇的经济数据进行统计。在数据的具体来源方面，2019 年重庆市乡镇基本数据统计表提供了三峡重庆库区 383 个小城镇的具体人口数据和基本公共服务设施等数据。2017 年重庆市所有小城镇主要指标分区县分析表则提供了 2017 年重庆市 808 个小城镇的地区生产总值数据，其中包括了三峡重庆库区 383 个小城镇的生产总值数据和人口数据。除此以外，本章在具体的模型设定中考虑了区县中心城区的辐射效应，将采用小城镇到区县政府的最近交通距离来进行表征。具体的数据来源为百度地图。该数据是由笔者于 2019 年 6 月采用百度地图统计得出的。表 6.1 和表 6.2 分别汇总了上述变量的具体描述和描述性统计结果。

表 6.1　　　　　　　　　　变量的名称和定义

变量类型	变量名称	符号	变量定义
被解释变量	小城镇人口数量	*tpop*	三峡重庆库区小城镇的人口数量（人）
解释变量	小城镇经济发展水平	*econ*	2017 年小城镇人均 GDP（元）
	医疗卫生设施	*medi*	医院数量（所）
	小学数量	*sedu*	小学数量（所）
	中学数量	*medu*	中学数量（所）
	生活设施	*gas*	集中供水普及率（%）
	区县核心城区辐射效应	*ddis*	小城镇到区县政府的最近距离（公里）
	非农主导产业	*nagri*	主导产业是否为非农主导产业（是取 1，不是取 0）
	库尾地区	*kuwei*	该小城镇是否位于库尾地区（是取 1，不是取 0）
	镇	*town*	该小城镇是否为镇（是取 1，不是取 0）

表 6.2   主要变量的描述性统计结果

变量	单位	观测数	平均值	标准差	最小值	最大值
小城镇人口数量	万人	383	2.90	2.09	0.15	13.56
2017 年小城镇人均 GDP	元	383	12841	11956	609	115854
医院数量	所	383	1.38	1.89	0	28
小学数量	所	383	2.80	2.10	0	13
中学数量	所	383	0.86	0.77	0	5
集中供水普及率	%	383	93.42	14.16	0	100
小城镇到区县政府的最近距离	千米	383	48.52	26.21	0.5	146.3
非农主导产业	—	383	0.364	0.492	0	1
库尾地区	—	383	0.160	0.365	0	1
镇		383	0.739	0.452	0	1

注：本表中变量结果均未经过对数变换。

从表 6.2 可以看出，2017 年小城镇人均 GDP 的差异很大，平均值为 12841 元，最小值仅为 609 元，最大值为 115854 元。医院数量的平均值为 1.38 所，最小值为 0，最大值为 28 所。小学数量的平均值为 2.80 所，最小值为 0，最大值为 13 所。中学数量的平均值为 0.86 所，最小值为 0，最大值为 5 所。集中供水普及率的平均值为 93.42%，最小值为 0，最大值为 100%。小城镇到区县政府最近距离的平均值为 48.52 千米，最小值为 0.5 千米，最大值为 146.3 千米。383 个小城镇中主导产业为工矿、农业、商贸服务、历史文化、特色景观的小城镇的数量依次为：34 个、232 个、68 个、16 个和 16 个。非农主导产业的平均值为 0.364，最小值为 0，最大值为 1。库尾地区的平均值为 0.160，最小值为 0，最大值为 1。

6.3.3 空间计量模型设定

结合式（6.1）和式（6.2）中的空间计量模型以及人口分布影响

因素，构建三峡重庆库区小城镇人口分布的空间自相关模型，包括空间滞后模型和空间误差模型。为消除数据的异方差性，并参考伍德里奇（Wooldridge，2015）提出的对数据取对数准则，将小城镇人口数量、2017 年小城镇人均 GDP、区县核心城区辐射效应 3 项指标的数据取对数。最后构建的三峡重庆库区小城镇人口分布影响因素的空间计量模型如下：

（1）空间滞后模型：

$$\ln tpop = \alpha + \beta(\ln econ, medi, sedu, medu, water, \ln ddis, nagri, kuwei, town)$$
$$+ \rho W \ln tpop + \varepsilon \qquad (6.9)$$

（2）空间误差模型：

$$\ln tpop = \alpha + \beta(\ln econ, medi, sedu, medu, water, \ln ddis, nagri, kuwei, town) + \varepsilon$$
$$(6.10)$$

$$\varepsilon = \lambda W \varepsilon + \mu \qquad (6.11)$$

在式（6.9）和式（6.10）中，econ 表示经济发展水平，即 2017 年小城镇人均 GDP；medi、sedu、medu 和 water 分别表示基本公共服务设施的 4 个方面，即医院数量、小学数量、中学数量、集中供水普及率；ddis 为核心城区的辐射效应的测度指标，表示小城镇到区县政府的最近距离；nagri 表示产业结构，即为非农主导产业的虚拟变量；kuwei 和 town 分别为库尾地区和镇的虚拟变量；β 为待估参数，表示各解释变量的回归系数；W 为二进制邻接空间矩阵；ρ 度量的是相邻小城镇人口数量相互影响程度的位置参数；ε 为随机误差项。接下来，本章将通过以上构建的两种小城镇人口分布的空间计量模型进行实证分析。根据前文空间计量模型的检验方法，首先对小城镇人口分布影响因素的多元回归模型进行估计，通过 LM 验证空间计量模型的适用性，并在空间滞后模型和空间误差模型间进行选择。

6.4 估计结果分析

6.4.1 空间计量模型估计与检验

由于三峡重庆库区小城镇之间的人口分布存在显著的空间正自相关性，所以必须采用控制了空间自相关性的空间计量模型对各因素的贡献进行分析，以得到回归系数的无偏估计量。在进行分析之前需要对回归模型进行诊断和选择，对于空间截面回归模型的选择机制，安瑟林（Anselin，2013）给出了以下选择步骤：第一步，判断是否适合将空间因素引入模型，为此需要通过测算 Moran's I 指数，根据 Moran's I 指数以及显著性水平来判断是否引入空间因素。第二步，基于对 LM – lag 和 LM – error 的测算结果来对空间模型进行具体选择。当 LM – lag 和 LM – error 中的某一个通过了显著性水平检验，可以直接在空间滞后模型和空间误差模型中进行选择。第三步，如果 LM – lag 和 LM – error 两者都通过了显著性水平检验，Robust LM – lag 和 Robust LM – error 将会是进一步判断采用何种模型的主要依据。与 LM – lag 和 LM – error 类似，Robust LM – Lag 和 Robust LM – error 分别对应空间滞后模型和空间误差模型。

空间诊断性检验结果具体见表 6.3。根据表 6.3 的结果，OSL 回归残差的 Moran's I 指数均显著为正，说明三峡重庆库区 383 个小城镇的人口分布存在显著的空间相关和空间集聚特征，普通的计量模型可能不再适用，需要引入空间因素。LM – lag 和 LM – error 通过了 5% 的显著性水平检验，需要进一步考察 Robust LM – lag 和 Robust LM – error 的诊断结果，表 6.3 的空间诊断结果显示 Robust LM – lag 未通过显著性检验，而 Robust LM – error 具有显著性，这表明空间误差模型优于空间滞后模型。因此，本章选择空间误差模型进行空间计量分析。

表6.3 　　　　　　　　三峡重庆库区小城镇人口分布影响因素回归结果

（被解释变量：三峡重庆库区小城镇人口数量）

解释变量	控制镇		剔除镇		剔除库尾地区	
	OLS	SEM	OLS	SEM	OLS	SEM
	（1）	（2）	（3）	（4）	（5）	（6）
2017年小城镇人均GDP	0.116 （1.23）	0.203 *** （2.89）	0.129 ** （2.18）	0.212 *** （3.04）	0.135 ** （2.40）	0.222 *** （3.07）
医院数量	0.184 （0.83）	0.336 ** （2.09）	0.197 （1.09）	0.354 ** （2.20）	0.204 （1.12）	0.318 ** （2.00）
小学数量	0.119 *** （7.26）	0.251 *** （8.29）	0.125 *** （7.50）	0.258 *** （9.01）	0.113 *** （7.01）	0.264 *** （9.14）
中学数量	0.053 （0.43）	0.065 （0.73）	0.052 （0.30）	0.072 （0.89）	0.070 （0.62）	0.077 （0.95）
集中供水普及率	0.030 （1.54）	0.042 * （1.73）	0.039 （1.58）	0.044 * （1.83）	0.049 （1.54）	0.045 * （1.83）
小城镇到区县政府的 最近距离	− 0.143 ** （− 2.49）	− 0.260 *** （− 3.78）	− 0.156 *** （− 2.58）	− 0.272 *** （− 3.95）	− 0.155 *** （2.63）	− 0.253 *** （− 3.80）
非农主导产业	0.166 *** （3.96）	0.401 *** （4.52）	0.179 *** （3.89）	0.414 *** （4.77）	0.167 *** （3.90）	0.414 *** （4.52）
库尾地区	0.205 （1.32）	0.237 （1.58）	0.223 * （1.84）	0.249 ** （2.13）	—	—
镇	0.200 * （1.77）	0.242 ** （2.56）	—	—	0.217 * （1.93）	0.256 *** （2.78）
常数项	− 1.897 * （− 1.79）	3.60 ** （2.47）	− 1.983 * （− 1.81）	3.67 *** （2.58）	− 1.875 * （− 1.83）	3.65 ** （2.55）
λ	—	0.137 *** （2.62）	—	0.121 ** （2.36）	—	0.125 ** （2.41）
R^2	0.504	0.564	0.474	0.575	0.493	0.569
LogL	− 205.366	− 189.104	− 209.208	− 185.420	− 212.733	− 187.645
AIC	588.409	496.117	597.520	491.255	613.095	510.401
SC	560.531	452.754	549.386	427.306	572.789	443.185

续表

解释变量	控制镇		剔除镇		剔除库尾地区	
	OLS	SEM	OLS	SEM	OLS	SEM
	(1)	(2)	(3)	(4)	(5)	(6)
Moran's I（误差）	0. 264 ** (2. 18)		0. 337 *** (3. 02)		0. 345 *** (3. 28)	
LM - lag	8. 622 (0. 0045)		12. 430 (0. 0002)		12. 569 (0. 0002)	
Robust LM - lag	0. 003 (0. 846)		0. 004 (0. 935)		0. 004 (0. 974)	
LM - error	28. 808 (0. 0000)		50. 336 (0. 0000)		54. 112 (0. 0000)	
Robust LM - error	24. 452 (0. 0000)		41. 403 (0. 0000)		48. 254 (0. 0000)	
观测数	383	383	383	383	383	383

注：*** 、** 、* 分别表示在 1%、5% 和 10% 水平上显著。对于各变量，包括 Moran's I（误差），括号内报告的数值为 t 统计量（OLS）或 z 统计量（SEM）。对于误差的 LM 统计检验，括号内为 p 值。

6.4.2 实证分析

需要说明的是，本章在控制变量中同时控制了库尾地区和镇。由于库尾地区的小城镇均为镇，所以在控制了镇这一变量后，受到多重共线性的影响，库尾地区的系数很可能不再具有显著性。表 6.3 的列（1）和列（2）结果也印证了上述分析。为了具体探讨库尾地区与库腹地区、镇与乡之间在人口分布上的不同，并为后文探讨在库尾地区与库腹地区、镇与乡之间各个影响因素的作用效果差异，本章在列（3）和列（4）的影响因素中剔除了镇，而在列（5）和列（6）的影响因素中剔除了库尾地区，进而便于讨论影响因素在区域间和乡镇间的作用差异。

虽然表6.3 的列（4）、列（6）与列（2）在除库尾地区和镇以外的各个变量的系数与显著性方面有所差异，但是大体相同。因此，本章基于列（2）对除库尾地区和镇以外的各个变量对于三峡重庆库区小城镇人口分布的影响进行分析。

表 6.3 显示，经济发展水平对于三峡重庆库区小城镇人口具有显著的正向影响。2017 年小城镇人均 GDP 的系数为 0.203，且通过了 1% 的显著性水平检验。在保持其他影响因素不变的前提下，若 2017 年小城镇人均 GDP 增加 1%，小城镇人口将增加 0.203%。相较于生活设施、城镇辐射效应等指标的影响，这一促进效应明显过小了。造成这一现象的原因主要有两个：一是本章采用的是 2017 年的小城镇人均 GDP 数据来测度其对 2019 年三峡重庆库区小城镇人口规模的影响，所以存在 3 年的滞后期。滞后期越长，经济发展水平对于小城镇人口规模的影响越弱。二是三峡重庆库区的经济发展水平较为落后，人口流出趋势难以改变。2017 年重庆全市的人均 GDP 为 3.89 万元①，近乎是三峡重庆库区小城镇的 3 倍。即便三峡重庆库区小城镇的人均 GDP 水平增加 1 倍，二者间的差距仍然十分巨大。如果将重庆的主城 9 区作为参照对象，区域之间的差距将进一步放大。差距悬殊的经济发展水平势必会驱使民族地区的居民向东部发达地区抑或是重庆主城地区流出。

就基本公共服务设施对于三峡重庆库区小城镇人口规模的影响而言，医院数量的系数为 0.336，同时通过了 5% 水平的显著性检验，说明其对于小城镇人口规模的扩大具有较大且显著的正向影响。小学数量的系数为 0.251，并且在 1% 的水平上具有显著性，说明其对于小城镇人口数量的促进效应同样是较强的。中学数量的系数为 0.065，并未通过显著性检验，说明其对于小城镇的人口数量并不具有显著的促进效应。集中供水普及率的系数为 0.042，在 10% 的水平上具有显著性，说明伴随着供水等基础设施的完善，小城镇的人口数量同样会随之增加。综合以上数据可以看出，医院数量对于小城镇人口数量的影响最大，其次为小学数量，最后是供水

---

① 资料来源：《重庆统计年鉴 2018》。

等生活设施。这一结果说明小城镇居民对于医疗设施的关注程度最高，可能与小城镇较高的老龄化问题具有紧密关系。伴随着老龄化程度的加深，居民对于医疗公共服务的需求是不断增强的（林建、张梦瑶，2016；刘志甫，2016）。从教育设施来看，小学数量对于小城镇的人口数量具有显著的促进效应，而中学数量的促进效应则不再显著。这一结果与当前乡镇学生为了追求更高的教育质量，大量进入所属区县和重庆主城中学的事实是相符的。另外，生活基础设施的不断完善，基本公共服务设施对于小城镇人口数量的促进效应不断递减。虽然集中供水率的系数通过了显著性检验，但是其值相对较低，仅为0.042。整体而言，基本公共服务设施对于三峡重庆库区小城镇人口具有显著的促进效应，特别是在医疗卫生设施和小学数量这两个方面。

就区县核心城区辐射效应来看，小城镇到区县政府最近距离的系数为 - 0.260，且通过了1%水平的显著性检验。系数值显著为负说明伴随着小城镇到区县核心城区距离的不断增加，其人口规模是不断递减的。这也意味着越靠近区县核心城区的小城镇，其人口规模越大。这一结果说明三峡重庆库区15个区县的核心城区的发展对于周边小城镇的人口数量具有显著性的影响。同时也从小城镇层面证实了富士田等（Fujita et al，2001）以及格拉泽（Glaeser，2012）关于城市辐射的相关研究结论。

就产业结构的影响来看，非农主导产业的系数为0.401，且通过了1%水平的显著性检验。这一结果说明相较于农业，工矿和旅游等非农主导产业对于小城镇人口规模的促进效应明显更高，高出0.401%。如前文所言，根据2016年国务院扶贫办公布的《2016年国家级贫困县名单》，重庆14个贫困区县中的9个区县就位于三峡重庆库区。造成区域经济发展水平较低以及人口大量外流的主要原因之一就是主导产业的带动力度不强。陆远权、杨丹（2008）等从区县层级得出了落后的产业结构不利于三峡库区城镇化发展和人口集聚等结论。本章的上述结论将这一研究推进到了小城镇层面。

综合表6.3列（4）的结果来看，从库尾地区与库腹地区的比较来看，库尾地区的系数为0.249，同时通过了5%水平上的显著性检验。上述结果说明相较于库腹地区，库尾地区对于小城镇人口的吸引力度更强，这与本书在第3章中的分析结果是相一致的。由于库尾地区的渝北和巴南位于重庆主城区，江津和长寿则临近主城区，因而其提供给居民的福利和收入水平都相对更好，进而对于小城镇人口的吸引力度也更强。表6.3列（6）的结果显示，在排除出库尾地区所造成的多重共线性影响之后，其系数和显著性都有一定程度的上升。即相较于库腹地区，库尾地区的小城镇人口分布明显更多。

6.4.3 区域差异检验

为了检验经济发展水平、基本公共服务设施等因素对于三峡重庆库区小城镇人口的影响是否在区域之间存在差异，本章参考秦佳和李建民（2013）的做法，将2017年小城镇人均GDP等7项指标与库尾地区和镇的虚拟变量分别交叉相乘再进行回归分析。由于交互项与构成它的自变量之间往往存在着较强的相关关系，从而导致模型存在潜在的多重共线性问题。鉴于对交互项进行去中心化处理后，能够有效地缓解多重共线性问题和使交互项更具经济意义（Wooldridge，2015），本章采用伍德里奇（Wooldridge，2015）的做法，对模型中除虚拟变量外的所有的交互项都进行了去中心化处理。在进行了数据处理以后，本章采用方差膨胀因子（VIF）对多重共线性进行了检验，结果显示各个变量及与库尾地区交叉项的平均VIF值为3.16，所有解释变量中最大的VIF值为2017年小城镇人均GDP（5.10）；各个变量及与镇交叉项的平均VIF值为4.64，所有解释变量中最大的VIF值为2017年小城镇人均GDP（6.08），这基本说明在对交互项进行去中心化处理后方程并不存在严重的多重共线性问题。在模型的具体选择方面，参照安瑟林（Anselin，2013）给出的选择方法，本章依然选择空间误差模型来进行分析。具体的分析结果见表6.4。

121

表 6.4　　　三峡重庆库区小城镇人口分布影响因素区域差异检验

（被解释变量：小城镇人口数量）

解释变量	库腹地区与库尾地区对比		镇与乡对比	
	OLS	SEM	OLS	SEM
	（1）	（2）	（3）	（4）
2017 年小城镇人均 GDP×库尾地区	0.068 ** (2.34)	0.119 *** (3.03)		
医院数量×库尾地区	0.076 (1.02)	0.110 (1.48)		
小学数量×库尾地区	0.085 (0.76)	0.162 (1.34)		
中学数量×库尾地区	0.009 (0.05)	0.012 (0.23)		
集中供水普及率×库尾地区	0.005 (0.71)	0.024 (1.09)		
小城镇到区县政府的最近距离×库尾地区	− 0.080 *** （− 2.65）	− 0.245 *** （− 4.07）		
非农主导产业×库尾地区	0.103 (1.09)	0.362 (1.43)		
2017 年小城镇人均 GDP×镇			0.029 (0.56)	0.077 (1.23)
医院数量×镇			0.104 (1.55)	0.199 ** (2.31)
小学数量×镇			0.017 (1.02)	0.039 (1.11)
中学数量×镇			0.010 (0.29)	0.025 (0.84)
集中供水普及率×镇			0.009 (0.54)	0.012 (0.60)
小城镇到区县政府的最近距离×镇			− 0.062 ** (2.04)	− 0.178 *** （− 2.75）
非农主导产业×镇			0.053 ** (3.90)	0.312 *** (3.98)

续表

解释变量	库腹地区与库尾地区对比		镇与乡对比	
	OLS	SEM	OLS	SEM
	（1）	（2）	（3）	（4）
其他变量	控制	控制	控制	控制
λ		0.156 *** （2.73）		0.161 *** （2.92）
R²	0.503	0.581	0.495	0.574
LogL	−185.640	−166.123	−190.904	−168.257
AIC	571.009	484.351	565.623	477.630
SC	542.306	456.578	536.147	454.258
Moran's I（误差）	0.294 *** （3.10）		0.294 *** （3.13）	
LM − lag	12.157 （0.0003）		14.176 （0.0002）	
Robust LM − lag	0.343 （0.558）		0.488 （0.596）	
LM − error	37.005 （0.0000）		38.961 （0.0000）	
Robust LM − error	29.977 （0.0000）		28.802 （0.0000）	
观测数	383	383	383	383

注：*** 、** 、* 分别表示在1%、5%和10%水平上显著。对于各变量，包括 Moran's I（误差），括号内报告的数值为 t 统计量（OLS）或 z 统计量（SEM）。对于误差的 LM 统计检验，括号内为 p 值。

（1）库腹地区与库尾地区的情况对比。根据表6.4列（2）的结果，2017年小城镇人均 GDP 与库尾地区交叉项的系数为0.119，且通过了1%水平上的显著性检验。经济发展水平对于库尾地区小城镇人口分布的影响是明显超过库腹地区的。这说明经济发展水平更高、区位条件更好的库尾地区对于小城镇人口的吸引力度更强。这也是与现实情况相符合的。另外，区县核心城区的辐射效应在库腹地区与库尾地区之间也是存在明显差异的。库尾地区小城镇由于拥有身处重庆主城区或接近重庆主城区的优势，受到的辐射效应更强。医院数量、学校数量等基本公共服务设施和产业结构对于小城镇人口分布的影响在区域之间并不存在显著的差异。

（2）镇与乡的情况对比。从表 6.4 列（4）的结果可以看出，经济发展水平、小学数量、中学数量和生活设施这 4 个方面对于人口分布的促进作用在镇与乡之间并不存在显著的差异。相较于镇，虽然乡的经济发展水平可能较低，但是二者与区县的核心城区、重庆主城甚至东南沿海地区有着更大的差距。镇与乡之间的差距并不会引导人口从乡流入镇，更多的仍然是流向层级更高的地区。另外，镇与乡在学校数量和生活设施等方面的差异并不大，因而也不会对人口的分布造成显著性的影响。镇与乡之间的差异主要体现在 3 个方面：医疗卫生设施、区县核心城区的辐射效应和产业结构。由于镇的区位优势更明显，因而受到的辐射效应更强，医疗卫生设施更为完善，产业结构也更多地以工矿业等非农主导产业为主，进而更能够吸引和留住人口。

6.5　本章小结

本章利用较为前沿的空间计量模型，探讨了影响三峡重庆库区 383 个小城镇人口分布的影响因素。基于对空间诊断性结果进行分析的基础，本章采用空间误差模型就影响因素在库腹地区与库尾地区之间的作用差异进行了分析。

总体来看，经济发展水平对于小城镇的人口分布的影响是较大的，即便本章的数据滞后了 3 年，其影响仍然是十分显著的。另外，与经济发展水平紧密相关的非农主导产业的影响在所有影响因素中是最大的，这也进一步说明了经济发展水平及其背后的产业结构是当前影响三峡重庆库区小城镇人口的最主要因素。在基本公共服务设施方面，小城镇层面也存在较为严重的老龄化问题，医疗卫生设施对于人口分布的影响巨大。此外，小学数量也具有较大的影响，而中学数量则不再具有影响。这与乡镇学生大量流向城区就学的现实情况是相符合的。相较于医疗卫生设施，生活设施的影响则明显较小，说明小城镇居民对于这方面的关注度较小。在区县核心城区辐射效应方面，由于核心城区在经济水平、教育、医疗等多个方面都具有较为突出的优势，其对于小城镇人口分布的辐射效应也是十分明显的。距离区县核心城区越远的小城镇的人口数量逐渐减少。此外，产业结构对于小城镇人口的分布也具有较强的影响。与库腹地区相比，地区间的人口分布差异也是较为明显的。库尾地区的小城镇的人口数量明显较多。另外，乡、镇之间在人口分布同样存在显著的差异。

本章就小城镇人口影响因素在区域之间以及乡、镇之间的差异情况进行了分析。从库腹地区与库尾地区的对比情况来看，经济发展水平和区县核心城区辐射效应在区域之间是存在显著差异的。相较于库腹地区，经济发展水平和区县核心城区辐射效应对于库尾地区小城镇人口分布的影响明显更强。医疗卫生设施、学校数量等基本公共服务设施和产业结构在区域之间的差异则不明显。从镇与乡的对比情况来看，医疗卫生设施、区县核心城区辐射效应和产业结构对于人口分布的影响在乡、镇之间存在较为明显的不同。由于镇具有更大的面积、更好的产业基础等区位条件，因而医疗卫生设施等三方面对于人口分布的影响更大。经济发展水平、小学数量等4个方面的影响则在乡、镇之间不存在差异。

第 7 章

万州村庄人口分布的影响因素研究

第 5 章对万州 41 个小城镇 372 个村庄的人口分布情况及其特征进行了分析，但是并未对造成这一分布现状的具体原因进行探讨。无论是根据当前学者的研究情况，还是本书前面部分的具体分析，影响人口分布的原因是多样的。其中，经济发展水平、基本公共服务设施等对于省市级、区县级人口分布的影响最为突出，但是这些因素对于村庄人口的分布是否有影响，具体影响有多大，由于相关研究的缺乏，我们对此尚未可知。为了对各个因素的具体影响进行分析，本书将以《村域现状分析及规划指引》为主要数据来源对影响万州 41 个小城镇 372 个村庄人口分布情况的因素进行分析。

7.1 研究方法与数据来源

7.1.1 研究方法

在对影响村庄人口分布的因素进行研究时，本书所面临的一大问题就是经济发展水平与人口分布之间可能存在的内生性问题。众所周知，经济发展水平对于人口的集聚具有较强的影响。奇科内和霍尔（Ciccone and Hall，1996）、陈良文等（2009）等从城市层面也证实了人口集聚程度的增加会带来经济水平的提升。因此经济发展水平带动人口集聚的同时，人口增加所带来的集聚效应也会促进区域经济发展水平的提高，进而造成解释变量与被解释变量之间可能存在因双向交互影响而引起的内生性问题。虽然根据刘易斯（Lewis，1954）、张耀军和岑俏（2014）、劳昕和沈体雁（2015）等的研究，人口的流向是从经济发展水平较低的地区向较高的地区流动，村庄层面相对较少的人口规模是否会产生足够的集聚效应来推动当地经济的发展是值得怀疑的，但是根据笔者 2017 年 7 ~ 8 月在万州的分水镇、武陵镇等小城镇的调研结果来看，人口的集聚效应确实可能会对乡村的经济发展产生促进效应。较为典型的案例就是分水镇的石碾村。因为有了大量人口的集聚，为当地发展"李花节"以及青脆李产业的发展奠定了基础。

由于 OLS 估计的无偏性依赖于严格的外生性假设，当解释变量并不是完全外生时，原有的外生性假设将会遭到严重挑战。在本书中，由于存在双向因果效应以及遗漏变量造成的内生性问题的可能，OLS 得到的估计结果可能并非是无偏与一致的。为了准确估计影响因素对于村庄人口分布的影响，本书拟采用两阶段最小二乘法来进行估计，以确保主要结论的稳健性。需要说明的是，由于本书采用的截面数据容易出现异方差问题，本书在进行 OLS 回归的过程中，采用了稳健标准误以尽量消除异方差对于估计结果的影响。

7.1.2　数据来源

本章的数据来源具体包括 2 个部分。首先是最主要的数据来源，即 2017 年万州 41 个小城镇 372 个村庄的《村域现状分析及规划指引》，这一数据将提供万州村庄的经济发展水平、基本公共服务设施和距城区距离等主要数据；其次是《万州统计年鉴 2018》。

7.2 影响因素的选择与模型构建

7.2.1 影响因素选择与机理分析

在具体的影响因素分析方面，本章基于第 6 章的研究思路，在经济发展水平、产业发展、基本公共服务设施和城镇的辐射效应 4 个方面的基础上，添加地理条件这一可能与村庄人口分布紧密相关的因素。

7.2.1.1 经济发展水平指标

无论是对于总体的人口分布还是就村庄层面而言，经济发展水平对于人口的分布都具有较强的影响（张耀军、岑俏，2014；王晓峰等，2014）。而经济发展水平对于村庄人口最直接的影响在于其收入水平。因此，本章采用村民人均可支配收入作为村庄经济发展水平的测度指标。

戴维斯（Davis，2006）和格拉泽（Glaeser，2012）等就大量城市存在贫民窟的原因进行了分析。他们认为，工业化、城镇化和产业结构服务化所带来的劳动需求以及区域之间在经济发展水平方面的差异，是导致大量人口宁愿居住在城市贫民窟也不愿意回到农村的深层次原因。在城市发展的前期阶段，工业化和城市化的发展产生了大量的用工需求。同时，由于劳动生产率的差异，城市和农村在收入水平和公共服务等方面也产生了一定的分化，进而为吸引大量的人口从农村流向城市创造了条件。在城市发展的后期阶段，虽然工业化已经达到了一定的程度，同时城镇化的发展进入了稳定或者总体较慢的阶段，但是城市的劳动生产率仍然较高，并且，人口基数大带来的集聚效应优势仍然明显，这也为维持城市与乡村在收入水平方面的差异提供了支撑。周艳等（2011）对 1997～2009 年重庆 40 个区县的人口和经济数据进行了分析，他们研究发现经济发展水平和人口的关系处于不断协调的过程。经济发展水平始终是人口分布的最重要的影响因素之一。

7.2.1.2　基本公共服务设施指标

本章选择养老服务设施、医疗卫生设施两个方面作为村庄基本公共服务设施的表征,具体由养老院数量和村卫生室数量来表征。养老院由两类设施组成:一是五保家园,《村域现状分析及规划指引》将其归纳为养老服务设施,本章也参照其归纳方法进行处理;二是普通的养老院。

如前文所言,无论是小城镇还是村庄在社会保障等服务类基本公共服务方面与城市的差距都大幅缩小,因而本章同样从设施方面来分析基本公共服务对于人口分布的影响。由于我国城镇化的快速发展,大量的青壮年农村人口流向了大中城市,进而造成了农村的老龄化问题突出。另外,人口大量老龄化也会造成农村居民对于医疗卫生的需求较为强烈。虽然一些村庄的居民可以到小城镇就医,但是部分村庄由于距离较远或者是交通不便,对于能够在本村获得基本的医疗服务的需求较强。虽然教育等基本公共服务也是影响村庄人口分布的重要因素,但是考虑到我国前些年实行的撤并农村学校等措施,农村学校的数量大幅减少,大量的农村学生已经集中到了小城镇就读。加之城乡之间教育水平的差距,大量的农村学生为了获得更好的教育资源,流入区县或者重庆主城,甚至是其他省市就读。综上所述,教育对于农村人口分布的影响削弱幅度较大,这也是本章未对其进行考虑的主要原因。

7.2.1.3　产业发展水平指标

《村域现状分析及规划指引》对万州 372 个村庄的产业发展情况进行了统计,具体包括到村庄进行投资的企业以及村庄内形成了规模的养殖大户等。虽然一些养殖大户因没有进行工商登记而未被各村指引统计为企业主体,但是考虑到其产业规模及其对村庄的影响,本书仍然按照企业进行了统计。基于此,本章将村域内的企业数量来作为产业发展水平的衡量指标。

与西方发达国家不同，我国的城镇化体系是以政府为主导，而非以市场为主导。在城镇化发展过程中，我国形成了"自上而下"的城镇化发展体系。城镇体系的设置体现出了较强的政治特征，并且政治中心和经济中心相合一的趋势越发明显（李强等，2012）。人口、资金等生产要素也在城镇化的快速发展进程中重新发生了配置。资源的向上集中让大中城市有了加速自身发展和改善基础设施的先机。同时，处于我国城镇体系底层的小城镇和乡村则呈现出了另一番景象。在经历了东部沿海城市、重庆主城区以及万州核心城区的层层筛选之后，能够流入村庄层面进行投资的企业少之又少。

7.2.1.4 城区的辐射效应指标

就村庄受到的经济社会辐射效应而言，该指标具体可以分为两个方面。一是来自小城镇的辐射影响。二是万州核心城区的辐射效应。372 份《村域现状分析及规划指引》对各个村到所属镇区以及万州核心城区的交通距离都进行了统计，这也成为本书衡量小城镇和万州核心城区对于村庄辐射影响的主要测度指标。

本章就城区对于村庄的辐射效应从小城镇和万州核心城区两个层面进行考察。就小城镇层面而言，如费孝通（1984）所言，小城镇是农村的政治、经济和文化中心。因而小城镇的经济社会发展对于村庄的影响是不能忽略的。以经济和教育两个方面为例，由于小城镇往往存在一些企业，甚至一些大中型企业，如能源开采企业和大型电厂等，进而能够为周边的村民提供大量的工作岗位。另外，伴随着 20 世纪 90 年代以来，大量农村小学被裁并，农村学生的集中就学程度大幅提高（程路，2010）。在这一背景下，小城镇内的小学和中学成为农村学生就学的主要途径。就万州核心城区层面而言，伴随着交通基础设施的不断提升，农村到万州核心城区所耗费的时间不断减少，进而万州核心城区对于农村的影响也不断加大。另外，部分农村距离万州核心城区的距离较近，如天城镇的众多村庄，进而万州核心城区对于农村的影响甚至可能比小城镇更大且更为直接。因此，本章将分别从小城镇和万州核心城区两个层面就城区的辐射效应对于村庄人口分布的影响进行讨论。

7.2.1.5 地理条件指标

从现有研究来看，地理条件与村庄人口的分布具有紧密的关系（杜本峰、张耀军，2011）。在具体指标方面，杜本峰和张耀军（2011）、张海霞等（2016）以及其他学者选取了坡度、海拔高度等指标。由于万州地区以丘陵、山地和高山地区为主，因而海拔对于村庄人口的分布影响较大。因此，参考相关学者的做法，本章将以村庄所在地的最低海拔高度作为地理条件的衡量指标，来考察地理条件对于村庄人口分布的影响。

与村庄不同，小城镇和区县的核心城区大多处于较好的地理位置，如河谷、平原等地区。从现有的研究来看，村庄的分布更为分散，人口分布与海拔等地理条件的关系紧密（杜本峰、张耀军，2011）。当前制约万州村庄发展的一大要素就是地理条件。地理条件对于村庄发展的影响是多方面的，如经济、基本公共服务和自然资源等。偏远的地理条件造成人才吸引力较低，企业运输成本较高以及与城区、镇区发展的融合度较低等问题，进而直接制约了村庄的长远发展。加之一些村庄地处偏远，海拔较高，且当地乡镇各级政府的财政能力有限，造成村庄的道路、医疗等基本公共服务水平提升困难。在多方面因素的共同作用下，大量地理条件较差村庄的年轻人开始外出，无论是到经济发展水平更高的沿海地区打工，还是举家迁入城镇，这些村庄的人口流失问题都十分严重，并且老龄化问题突出。

7.2.2 模型构建

在基于上述分析的基础上，本章将采用两阶段最小二乘法从经济发展水平、基本公共服务设施等 5 个方面来考察经济社会因素对于万州 372 个村庄人口分布的影响。同时给出基于多元回归方法的经济发展水平对于村庄人口分布影响的估计结果，以作为参照。基于以上思路，本书构建如下计量模型：

$$\ln cpop = \alpha_0 + \alpha_1 \ln econ + \alpha_2 aged + \alpha_3 medi + \alpha_4 indu + \alpha_5 \ln tdis$$
$$+ \alpha_6 \ln ddis + \alpha_7 \ln alt + \varepsilon \qquad (7.1)$$

在式（7.1）中，*cpop* 表示万州 372 个村庄的人口数量；*econ* 代表村庄的经济发展水平，即村民人均可支配收入；*aged* 和 *medi* 分别表示村庄的养老服务设施和医疗卫生设施，即养老院数量和村卫生室数量；*indu* 为产业发展水平的测度指标，即村域内的企业数量；*tdis* 和 *ddis* 则为城区辐射效应的测度指标，分别表示村庄到小城镇的最近距离和到万州核心城区的最近距离；*alt* 表示村庄所在地的最低海拔高度，进而可以测度地理条件方面对于村庄人口分布的影响；*ε* 则为随机误差项。本章为进行两阶段最小二乘法而选择的工具变量为硬化道路里程，更为详细的分析见后文。另外，本章对村民人均可支配收入、村庄到小城镇的最近距离、到万州核心城区的最近距离和最低海拔高度这 4 个变量的数据进行了对数化处理。相关数据的具体描述见表 7.1。

表 7.1 　　　　　　　　　　变量的名称和定义

变量类型		变量名称	符号	单位	变量定义
被解释变量		村庄人口数量	*cpop*	人	万州 372 个村庄的人口数量
解释变量	经济发展水平	村庄经济发展水平	*econ*	元	村民人均可支配收入
	基本公共服务设施	养老服务设施	*aged*	所	养老院数量
		医疗卫生设施	*medi*	个	卫生所数量
	产业发展	产业发展水平	*indu*	个	村域内企业数量
	城镇辐射效应	小城镇辐射效应	*tdis*	千米	村庄到小城镇的最近距离
		万州核心城区辐射效应	*ddis*	千米	村庄到万州核心城区的最近距离
	地理条件	地理条件	*alt*	米	村庄所在地的最低海拔高度
工具变量		道路交通设施	*tra*	千米	硬化道路里程

从表 7.2 各个变量的描述性统计结果可以看出，村民人均可支配收入

的平均值为 6483 元, 最小值为 2300 元, 最大值为 23000 元。养老院数量的平均值为 0.48 所, 最小值为 0, 最大值为 7 所。卫生所数量的平均值为 1.26 所, 最小值为 0, 最大值为 6 所。村域内企业数量的平均值为 4.09 个, 最小值为 0, 最大值为 15 个。村庄到小城镇的最近距离平均值为 8.28 千米, 最小值为 0.05 千米, 最大值为 40 千米。村庄到万州核心城区的最近距离平均值为 49.23 千米, 最小值为 1 千米, 最大值为 111 千米。村庄所在地的最低海拔高度的平均值为 391.23 米, 最小值为 174 米, 最大值为 1104 米。硬化道路里程的平均值为 10.82 千米, 最小值为 0.98 千米, 最大值为 47.7 千米。

表 7.2 主要变量的描述性统计

变量	单位	观测数	平均值	标准差	最小值	最大值
村庄人口数量	人	372	1408	802	169	5170
人均可支配收入	元	372	6483.30	2328.96	2300	23000
养老院数量	所	372	0.48	0.79	0	7
卫生所数量	所	372	1.26	0.70	0	6
村域内企业数量	个	372	4.09	2.66	0	15
村庄到小城镇的最近距离	千米	372	8.28	6.32	0.05	40
村庄到万州核心城区的最近距离	千米	372	49.23	24.00	1	111
最低海拔高度	米	372	391.23	172.52	174	1104
硬化道路里程	千米	372	10.82	6.42	0.98	47.7

注: 本表中变量结果均未经过对数变换, 在实证研究中将对除养老院数量、医疗卫生设施和产业发展水平以外的变量采用对数形式。

7.3 实证分析

7.3.1 多元回归估计

根据前文的分析框架与区域划分和类别划分, 本章首先给出采用多元回

归分析的经济发展水平对于村庄人口分布影响的估计结果（见表7.3）。在
表7.3中，列（1）对万州372个村庄总体进行了回归分析。在列（2）～
列（4）中，本章按照区域划分，将万州372个村庄拆分为拟入围中心城
区37个村庄、万西地区193个村庄和万东地区142个村庄来分别进行研
究。在列（5）和列（6）按照乡镇的类别，将万州41个小城镇372个村
庄拆分为镇314个村庄和乡58个村庄来进行分析。

表7.3　　　　　　　　　　　多元回归估计结果

（被解释变量：村庄人口数量）

解释变量	村庄总体	拟入围中心城区	万西地区	万东地区	镇	乡
	（1）	（2）	（3）	（4）	（5）	（6）
人均可支配收入	0.083 ** (2.57)	0.168 ** (2.08)	0.177 ** (2.65)	0.040 ** (2.32)	0.106 *** (3.10)	0.093 ** (2.47)
其他变量	控制	控制	控制	控制	控制	控制
常数项	5.710 *** (7.04)	5.946 *** (6.62)	5.875 *** (6.98)	5.833 *** (6.87)	5.989 *** (7.13)	5.652 *** (6.48)
R^2	0.155	0.209	0.177	0.182	0.160	0.213
观测数	372	37	193	142	314	58

注：***、**、*分别表示在1%、5%和10%水平上显著，括号内报告的数值为t统计量。

综合表7.3的列（1）～列（6）的结果，人均可支配收入虽然对于
村庄人口分布具有显著的影响，但是其系数普遍过小，甚至小于地理条件
等因素的系数。以列（1）的结果为例，经济发展水平的系数虽然在5%
的水平上具有显著性，但是其值仅为0.083。这一结果说明，伴随着经济
发展水平的提升，村庄人口的数量会随之增加。即村民的人均可支配收入
增加1%，村庄人口数量仅增加0.083%。如前文所言，造成这一现象的
重要原因可能是由于经济发展水平与人口集聚双向互动所产生的内生性问
题所引起。为了确保结果的稳健性，本章将在后一部分采用两阶段最小二
乘法进行进一步的检验。

7.3.2　工具变量估计

根据奇科内和霍尔（Ciccone and Hall, 1996）、陈良文等（2009）等的研究成果，人口集聚也会带动经济发展水平的提高，进而使经济发展水平与人口集聚之间可能存在由于双向互动所引起的内生性问题。从表 7.3 的结果可以看出，相较于地理条件等因素，经济发展水平对于村庄人口分布的影响明显过小。为了检验这一结论是否是由于内生性问题所导致的，下面采用两阶段最小二乘法进行进一步的估计。

7.3.2.1　工具变量的选择

两阶段最小二乘法的准确性依赖于选择合适的工具变量。合适的工具变量不仅要求计量上有效，而且在经济意义上也要合理。为了准确估计经济发展对于村庄人口分布的影响，本章采用村域内硬化道路里程作为经济发展水平的工具变量。采用硬化道路里程有以下两个理由：首先，交通设施是影响经济发展水平的重要因素，交通设施越为完善的地区，经济发展水平越高。格林（Green, 2007）、张强和张映芹（2017）分别以多个发达国家的大都市和丝绸之路经济带作为研究对象，验证了交通设施对于经济发展显著的正向促进效应。从万州农村的现实情况来看，由于大量的村庄地处偏远，道路设施成为其主要的交通设施。而硬化道路里程直接反映了道路设施质量的好坏。因此，具有更长硬化道路里程的村庄，其经济发展的基础条件越好，故该变量符合相关性要求。其次，硬化道路里程与村庄人口分布的直接关联度不大。在当前关于影响村庄人口分布的研究中，经济发展水平、产业结构等是影响村庄人口的核心因素。并没有学者指出村域内的交通情况对于人口分布具有较大的影响。此外，硬化道路里程对于人口的作用途径是较为单一的，主要是通过作用于经济发展水平来影响村庄的人口分布。基于此，本书认为选择硬化道路里程值能够符合工具变量的外生性要求。

7.3.2.2 估计结果分析

具体估计结果见表 7.4。需要说明的是，根据 D–W Hausman 检验的结果，当研究区域为乡时，经济发展水平并不再是内生解释变量。因此，本章并未在表 7.4 的估计结果中对其进行考察。

表 7.4   两阶段最小二乘法估计结果

解释变量	村庄总体	拟入围中心城区	万西地区	万东地区	镇	乡
	（1）	（2）	（3）	（4）	（5）	（6）
	Ⅳ	Ⅳ	Ⅳ	Ⅳ	Ⅳ	OLS
人均可支配收入	0.366 *** (3.01)	0.501 *** (2.74)	0.429 *** (2.90)	0.287 ** (2.25)	0.445 *** (3.62)	0.093 ** (2.47)
养老院数量	0.002 (0.31)	0.003 (0.51)	0.003 (0.42)	0.009 * (1.68)	0.002 (0.40)	0.005 (0.79)
卫生所数量	0.126 *** (4.61)	0.188 *** (3.17)	0.109 ** (2.32)	0.117 *** (3.30)	0.098 *** (4.21)	0.145 *** (4.49)
村域内企业数量	0.020 * (1.89)	0.019 (1.33)	0.072 * (1.85)	0.047 * (1.68)	0.080 ** (2.01)	0.044 (1.56)
村庄到小城镇的最近距离	−0.094 *** (−3.18)	−0.151 (−1.07)	−0.160 *** (−2.96)	−0.076 ** (−2.22)	−0.132 ** (−2.37)	−0.070 * (−1.72)
村庄到万州核心城区的最近距离	−0.040 (−0.85)	−0.209 * (−1.78)	−0.055 (−1.03)	−0.023 (−0.85)	−0.074 (−0.105)	−0.062 (−0.88)
最低海拔高度	−0.103 * (−1.69)	−0.086 (−0.90)	−0.084 (−1.23)	−0.123 ** (−1.99)	−0.089 (−0.145)	−0.106 * (−1.77)
常数项	5.363 *** (6.85)	5.652 *** (6.40)	5.402 *** (6.31)	5.339 *** (6.45)	5.492 *** (6.90)	5.652 *** (6.48)
R^2	0.155	0.209	0.177	0.182	0.160	0.213

第一阶段回归结果（被解释变量为人均可支配收入）

续表

解释变量	村庄总体	拟入围中心城区	万西地区	万东地区	镇	乡
	(1)	(2)	(3)	(4)	(5)	(6)
	Ⅳ	Ⅳ	Ⅳ	Ⅳ	Ⅳ	OLS
硬化道路里程	0.027 ***	0.042 ***	0.040 ***	0.018 **	0.035 ***	—
	(3.65)	(3.90)	(3.71)	(2.34)	(3.21)	
其他变量	控制	控制	控制	控制	控制	—
C – D F	14.06	16.53	12.50	13.45	15.29	
D – W Hausman	10.71	16.459	17.09	16.482	16.26	
p 值	0.002	0.000	0.000	0.000	0.000	—
观测数	372	37	193	142	314	58

注：*** 、** 、* 分别表示在 1%、5% 和 10% 水平上显著。第一阶段回归结果、列（6）括号内报告的数值为 t 统计量，其余括号内报告的数值为 z 统计量。

从表 7.4 的回归结果来看，在第一阶段回归中，硬化道路里程均与经济发展水平呈显著正相关，且 Cragg – Donald F 统计量均大于 8.96，即拒绝弱工具变量的假设。另外，从列（1）～列（5）的结果可以看出，在本章将经济发展水平与村庄人口数量可能存在的内生性问题采用工具变量方法进行处理了以后，人均可支配收入的系数都有了一定程度的提高，说明在最小二乘法回归中经济发展水平对于村庄人口分布的影响被低估了。

从表 7.4 列（1）可以看出，经济发展水平对于万州 372 个村庄人口分布具有显著较强影响，其系数达到了 0.366，且在 1% 的水平上具有显著性。这一结果说明，伴随着经济发展水平的提升，村庄人口的数量会随之增加。即村民的人均可支配收入增加 1%，村庄人口数量增加 0.366%。在基本公共服务设施方面，养老服务设施则对于村庄人口数量不具有影响，其系数虽然为正，但是 t 值仅为 0.31，并未通过显著性检验。医疗卫生设施的系数达到了 0.126，且在 1% 的水平上具有显著性，说明其对于村庄人口数量的增加具有显著的正向作用。本书认为造成这一现象的原因在于农村老人集中居住的意愿不强和农村的老龄化问题突出。不同于青壮年，老年人对于医疗卫生服务的需求更为强烈。同时，当前村庄层面的医疗存在数量不足、层次较低的问题，即便是乡和镇的医疗卫生条件也相对落后（刘志甫，2016）。以本书所研究的万州 372 个村庄为例，每个村平均仅拥有 1.26 个卫生室，还有 7 个村庄是缺乏卫生室的。医疗卫生服务的缺乏与落后就造成了其对于村庄人口的边际影响较强。在产业发展的作用方面，村域内企业数量虽然通过了显著性水平检验，但是其系数仅为0.020，说明其对于村庄人口数量的增加虽然具有显著的促进作用，但是影响有限。不同于城镇区域，村庄内的企业多为农业类型的企业。与工业企业不同，农业企业存在收益期较长且总体经济效益相对较低的问题，这些方面也制约了其对于村庄人口数量的正向影响。在城镇辐射效应方面，村庄到小城镇和万州核心城区最近距离的系数均为负，这说明在人口数量方面，距离小城镇或者万州核心城区越远的村庄所受到的辐射效应越小。但是村庄到小城镇最近距离的系数通过了显著性检验，在 1% 的水平上显著，而万州核心城区的系数则不具有显著性。这一结果说明小城镇对于村庄人口数量的辐射效应是较强的。由于万州核心城区的辐射效应有限，加之大量的村庄距离万州核心城区较远，因而其并未能够产生显著的影响。在地理条件方面，其系数达到了 -0.103，且通过了 10% 水平上的显著性检验，说明海拔越高，村庄人口分布越少。即地理条件对于村庄人口分布的影响是较强的。

根据表 7.4 列（2）的结果，经济发展水平在拟入围中心城区表现出了更强的正向影响，其系数达到了 0.501，且在 1% 的水平上具有显著性。说明在拟入围中心城区的 4 个小城镇中，当村民的人均可支配收入增加1%，村庄人口的数量将显著提升 0.501%，这一结果显著高出了经济发展水平在万州 372 个村庄中的影响。从基本公共服务设施的影响来看，养老服务设施与列（1）中的结果类似，其系数较小且不具有显著性，说明对于村庄人口数量不具有影响。医疗卫生设施的系数依然为正，且同样具有显著性。与列（1）不同的是，医疗卫生设施在列（2）中体现出了更强的正向作用。就产业发展的影响而言，村域内企业数量的增加并不会对村庄的人口数量造成显著性的影响。就城镇的辐射效应对于村庄人口数量的影响而言，小城镇辐射效应的系数虽然仍然为负，且较列（1）有所增加，但是并未通过显著性检验。万州核心城区辐射效应的系数达到了 –0.209，且通过了 10% 水平上的显著性检验。这一结果说明，距离万州核心城区较近的 4 个小城镇的 37 个村庄受到的影响主要来自万州核心城区，而非所处的小城镇。在拟入围中心城区，地理条件则不再对村庄人口数量具有影响，其系数虽然依然为负，但是并未通过显著性检验。

根据表 7.4 列（3）的结果，在经济发展水平相对较高的万西地区，人均可支配收入依然是影响村庄人口数量的最重要影响因素之一。当人均可支配收入增加 1% 时，村庄人口数量的提升幅度能够达到 0.429%，这一结果虽然比拟入围中心城区略低，但是仍然明显高于其对万州 372 个村庄的总体影响。就养老服务设施和医疗卫生设施的影响来看，养老院数量对于村庄人口依然不具有吸引力。同时，医疗卫生设施的影响依然是较强且十分显著的，其系数为 0.109，且在 5% 的水平上具有显著性。产业发展水平对于万西地区村庄人口的影响是相对较强的，其系数为 0.052，在列（1）～列（4）中是最大的，且通过了显著性检验。与拟入围中心城区和万东地区不同，万西地区的特色农业发展情况较好。以在万州 372 个村庄中人均可支配收入最高的分水镇石碾村为例，石碾村的李子产业已经成为当地的支柱产业之一。除了分水镇以外，万西地区其他乡镇的特色农业也发展较好。372 个村庄中人均可支配收入排名前五的村庄均位于万西地区（分别为水镇石碾村、瀼渡镇高村、龙沙镇岩口村、铁峰乡桐元村和熊家镇红星村）。从城镇的辐射效应来看，与列（1）类似，小城镇对于村庄的人口数量具有较强的影响，而万州核心城区的影响则不明显。需要注意的是，小城镇辐射效应的系数在万西地区达到了 –0.160，远远高于区域总体、拟入围中心城区和万东地区，这与万西地区小城镇较高的经济发展水平有着紧密的关系。根据《万州统计年鉴 2018》，GDP 排名前 10 的小城镇中，万西地区共有 7 个小城镇，而万东地区仅有新田镇一个小城镇。此外，与拟入围中心城区一样，最低海拔高度对于区域村庄人口的分布并不具有影响。

从表7.4列（4）可以看出，经济发展水平对于万东地区的村庄人口数量依然具有显著的影响，其系数为0.287，但是在列（1）～列（4）中是最小的。在基本公共服务设施方面，与村庄总体、拟入围中心城区和万西地区类似，养老服务设施对于万东地区142个村庄的人口同样不具有显著性的影响。医疗卫生设施的系数为0.117，且在1%的水平上显著，说明相较于万西地区，医疗卫生设施对于万东地区村庄人口的影响更大。在产业发展水平方面，随着村域内企业数量的增加，村庄的人口数量也会随之增加。虽然产业发展水平通过了显著性检验，但是其系数仍然相对较小。这一结果与万东地区经济发展水平较低、村域内产业空心化严重的现实是相符合的。村域内企业数量的增加虽然能够在一定程度上增加农村居民的收入，进而留住人口，但是由于其发展水平较低，其能够发挥的作用相对有限。与万西地区相似，小城镇所发挥的辐射效应能够显著地影响村庄居民的人口数量。而由于距离遥远，万州核心城区所具有的辐射效应对于万东地区村庄居民的人口数量并不具有显著影响。在地理条件方面，伴随着村庄海拔的增加，村庄的人数也是随之减少的。这一结果与拟入围中心城区和万西地区明显不同。

综合表7.4的列（5）和列（6）的结果来看，经济发展水平对于镇和乡在村庄人口数量提升方面的影响都是显著的。在列（5）中，经济发展水平的系数为0.445，明显高出列（6）中的0.093，这一结果说明经济发展水平对于镇一级村庄人口数量的促进作用相对强，对于乡一级村庄人口数量的促进作用则相对较弱。在基本公共服务设施方面，养老服务设施无论是对于镇还是对于乡的村庄的人口数量都没有显著的影响。但是医疗卫生设施的影响较为明显。医疗卫生设施在列（5）和列（6）中的系数分别为0.098和0.145，且都通过了1%的显著性水平检验。产业发展水平在镇和乡之间的影响出现了明显的分化，伴随着村域内企业数量的增加，镇域内的村庄人数将会出现明显的上升，但是对于乡域内的村庄的影响不明显。就城镇的辐射效应而言，镇与乡之间存在一定的差异与分化。

在镇一级的村庄，小城镇的辐射效应能够得到凸显。根据列（5）的结果，小城镇辐射效应的系数为 - 0.132，且通过了显著性检验。但是从列（6）的结果来看，小城镇辐射效应的系数仅为 - 0.070，也通过了 10% 水平上的显著性检验。这说明乡的核心区域对于区域内村庄的人口数量的辐射影响明显小于镇。这一结果与乡镇之间在经济发展水平、产业结构优势等方面的差异是相符的。就万州核心城区辐射效应而言，与 372 个小城镇的结果类似，无论是镇还是乡的村庄在人口数量方面都没有受到万州核心城区的影响。在地理条件方面，镇一级村庄的人口并不会随着海拔的高低变动而出现明显起伏。但是更低的海拔高度对于乡一级的 58 个村的人口具有更大影响。在经济发展水平更高的镇，其基本公共服务设施也更为完善，进而地理条件对于村庄居民的生活水平的影响更小。但是在经济发展水平相对落后的乡，由于公共财政资源的相对不足，其基本公共服务设施总体水平也相对落后，因而地理条件对于村庄居民的影响而更为突出。

综合而言，无论是分地区还是分类型来看，经济发展水平对于万州 372 个村庄人口的分布都存在十分显著的影响。在基本公共服务设施方面，由于农村的老龄化等问题，医疗卫生设施对于村庄人口数量的影响十分显著，但是养老服务设施对村庄人口数量的影响则不明显。产业发展水平的影响则呈现出了分化的态势，虽然从 372 个村庄总体来看，村域内的企业数量能够显著地增加村庄人口，但是其对于拟入围中心城区和 58 个乡的影响则并不具有显著性。就小城镇对于村庄的辐射效应而言，除了拟入围中心城区的 4 个小城镇 37 个村庄以外，小城镇的核心区域对于村庄人口数量的影响都是十分显著的。距离小城镇核心区域越近的村庄，其受到的辐射效应越大。而万州核心城区对于绝大多数村庄的辐射效应是不明显的，仅对于拟入围中心城区的 37 个村庄具有显著的影响。就地理条件的影响而言，该指标对于村庄人口数量的影响存在一定分化。虽然从 372 个村庄总体来看，该指标具有显著性的影响，但是对于拟入围中心城区、万西地区和镇一级的村庄而言，其影响是不显著的。

7.4　本章小结

　　本章利用多元回归模型，从分地区和分乡镇的角度探讨了影响万州41个小城镇372个村庄人口分布的经济社会因素。针对经济发展水平与村庄人口分布之间可能存在的内生性问题，本章采用了两阶段最小二乘法对估计结果开展了更进一步的检验。本章得到如下结论：

　　经济发展水平对于村庄人口具有明显的促进作用。无论是从万州372个村庄总体，还是从拟入围中心城区、万西地区和万东地区以及乡镇的情况来看，经济发展水平都显示出了显著的正向影响。也就是说，经济发展水平的提高能够有助于万州372个村庄人口的增长。但是，根据奇科内和霍尔（Ciccone and Hall，1996）、陈良文等（2009）的研究结论，经济发展水平与人口分布之间可能存在因双向互动或遗漏变量引起的内生性问题。为了确保估计结果的准确性，本章选择硬化道路里程作为工具变量，采用两阶段最小二乘法对经济发展水平对于村庄人口分布的影响进行了重新估计以后，上述结论得到了进一步的增强。

　　就基本公共服务设施对于村庄人口分布的影响而言，养老院的数量多少对于村庄人口分布几乎没有影响。与养老院不同，卫生所数量对于村庄人口分布的影响则是十分明显的。与其他地区的情况类似，当前万州地区村庄层面的老龄化问题突出，但是相较于城镇，村庄的医疗设施和医务人员相对短缺。因此，医疗资源更为丰富的村庄，其人口流出规模可能更小。

　　总体来说，产业发展水平的提高有利于村庄人口数量的增加。随着村域内企业数量的增加，村庄的人口规模也将呈现出增长趋势，但是，村域内企业数量对于村庄人口分布的影响相对较小。另外，在地区之间、乡镇之间，企业发展还出现了分化。由于村域内的企业以农业企业为主，因而对于经济发展和就业岗位的带动和促进作用逊色于工矿业企业。这也是其作用有限的主要原因。

小城镇不但对于 372 个村庄总体的人口，而且对于拟入围中心城区、万西地区、万东地区抑或是乡镇的村庄人口，都具有显著的正向辐射效应。距离小城镇核心区域越近的村庄，其人口数量越多。由于辐射半径的限制，万州核心城区仅对于拟入围中心城区的 37 个村庄的人口分布具有显著较强的促进效应。对于 372 个小城镇总体、万西地区和万东地区和乡镇，万州核心城区都不会促进村庄人口数量的增加。

地理条件对于村庄人口分布具有显著性的影响。伴随着村庄最低海拔高度的增加，村庄人口数量逐渐减少，但是这一结论仅限于部分地区。对于拟入围中心城区、万西地区和镇一级的村庄而言，并不成立。

第 *8* 章

研究结论与政策建议

8.1　主要结论

　　伴随着三峡库区经济社会的进一步发展，三峡库区的发展进入了"后三峡时期"。同时，在国家推进乡村振兴和更为重视区域生态文明建设的大背景下，作为城市之尾、农村之首的小城镇将在区域的可持续发展中扮演更为重要的角色。鉴于此，本书在以往文献研究的基础上，依据马克思主义的城乡融合观、二元经济结构理论、人口迁移理论、中心地理论、集聚经济理论和城镇发展理论，从总体特征、空间分布特征和差异特征等角度对三峡重庆库区 383 个小城镇和万州 41 个小城镇的 372 个村庄的人口分布情况进行了分析，并采用空间计量经济学等研究方法考察了经济发展水平、基本公共服务设施等因素对于区域人口分布的影响，以期为三峡库区在城镇化、乡村振兴和生态文明建设等方面作出理论贡献，并提出相应的政策建议。本书在对宏观研究背景、三峡重庆库区具体发展背景和相关理论进行阐述后，对三峡重庆库区进行了区域和类型划分。在将三峡重庆库区分为库腹地区和库尾地区以及乡镇的基础上，第 4 章具体分析了三峡重庆库区 383 个小城镇的总体特征、空间分布特征和差异特征三个方面。第

5 章从这三个维度分析了万州 41 个小城镇的 372 个村庄的人口分布情况。
第 6 章基于城市经济学的研究框架,并结合三峡重庆库区的具体情况,采
用空间计量经济学,研究了经济发展水平、基本公共服务设施、产业结
构、核心城区的辐射效应、区域差异和乡镇差异 6 个方面的因素对于三峡
重庆库区 383 个小城镇人口分布状况的影响。第 7 章则分析了经济发展、
产业发展和城镇辐射效应等因素对于万州 41 个小城镇的 372 个村庄人口
分布的影响。通过以上理论研究和实证检验,本书得到以下结论:

第一,在三峡重庆库区的发展背景方面,虽然受到了国家层面的巨大
支持,但是三峡重庆库区在 2011 ~ 2015 年,经济发展速度落后于重庆全
市的平均水平,并且与北京、广东和上海等东部沿海省市的差距显著。在
产业结构方面,三峡重庆库区的第一产业比重虽然在逐年递减,但是其比
重仍然维持在 9% 左右。同时,三峡重庆库区的第二产业仍然是支撑库区
发展的主要推动力,这一情况与重庆全市以及东部六省市主要依靠第三产
业的情况有着明显的不同。在城镇化方面,虽然三峡重庆库区的城镇化发
展速度较快,但是仍然低于重庆全市的平均水平,并与东部六省市存在
20% 左右的差距。

第二,在总体特征方面,三峡重庆库区 386 个小城镇的平均人口规模
略高于重庆全市 812 小城镇的平均人口规模,达到了 2. 90 万人。但是小
城镇内部的人口分化情况十分严重。总体呈现出两头大、中间小的分布态
势。一方面,人口最多的小城镇与人口最少的小城镇之间的差距近乎为 90
倍;另一方面,有约 60% 的小城镇的人口规模小于 2. 90 万人,同时有
25. 4% 的小城镇的人口规模较大,均超过了 3. 94 万人。从区域之间的情
况来看,库尾 62 个小城镇的平均人口规模明显较大,超过库腹地区接近
1. 70 万人。从区域内部的情况来看,无论是库腹地区还是库尾地区,
60% 左右的小城镇的人口规模都是低于区域平均水平的。从乡镇之间的差
距来看,镇的平均人口规模为 3. 55 万人,而乡的平均人口规模仅为 1. 20
万人,镇的平均人口规模近乎是乡的 3 倍。

第三,在空间分布特征方面,三峡重庆库区 383 个小城镇呈现出"荒

漠化"、"万开云"板块人口集中度高、库尾地区"虹吸效应"明显3个特征。具体而言,"荒漠化"区域主要出现在巫山、巫溪和开州等渝东北地区和武隆、丰都和石柱3个渝东南区县;万州、开州、云阳3个区县组成的"万开云"区域板块经济实力较强,该区域的小城镇人口数量明显较多;渝北和巴南两个位于库尾地区的主城区,由于经济发展水平明显高于长寿、江津,所以对长寿、江津的小城镇造成了人口上的"虹吸效应"。在空间集聚特征方面,全局 Moran's I 指数值为0.205,且通过了5%的显著性水平检验,说明三峡重庆库区383个小城镇的人口分布是具有空间集聚特征的。从局部空间特征来看,扩散型区域和低速增长型区域是三峡重庆库区的主要形态。

第四,在差异特征方面,三峡重庆库区小城镇的总体变异系数是0.72,但是库腹地区与库尾地区之间的差异较大。库腹地区小城镇之间人口的差异程度明显较大,其变异系数值达到了0.74。库尾地区的情况则明显较好,其变异系数值为0.53,比前者低了0.21。从分布形态来看,三峡重庆库区15个区县在小城镇人口分布差异特征方面呈现出正态分布的形态,超过60%的区县的变异系数都处在0.4~0.7这一区间。在15个区县中,武隆和云阳的变异系数最高,都是0.81,而长寿的变异系数最低,仅为0.32。就库腹地区和库尾地区的情况而言,库腹地区的11个区县的分布形态为倒金字塔形态。库尾地区的4个区县中,仅有江津的变异系数达到了0.61,其余3个区县的变异系数均低于0.5。

第五,就万州41个小城镇372个村庄人口的总体特征来看,万州41个小城镇372个村庄的平均人口规模不大,平均人口为1408人。但是各个村之间的差异程度较大,标准差达到了802人。人口最多的分水镇黄泥凼村的人口数量近乎是人口数量最少的天城镇老岩村的31倍。从分区域的角度来看,拟入围中心城区村庄的平均人口规模最大,为1525人,其次为万西地区的1485人,最后是万东地区的1273人。从分类别的角度来看,镇的村庄人口规模为1470人,明显大于乡的村庄人口规模,后者为1132人。但是镇的村庄间人口规模差异程度较高,其标准差达到了832

人，而乡的村庄人口则分布明显更为平均，其标准差仅为580人。从分布形态来看，万州区372个村庄的人口分布呈现出人口规模处于低级水平和中低级水平的村庄数量多，处于中级水平和高级水平的村庄数量相对较少的金字塔形的分布形态。另外，无论是拟入围中心城区，还是万西地区和万东地区，都呈现出了与总体类似的金字塔形的分布形态。

第六，就万州村庄人口的空间分布特征来看。由于村庄级别矢量地图的缺乏，本书仅从小城镇层面对于372个村庄的人口分布情况进行分析。从分布态势来看，万州372个村庄的人口总体呈现出西高东低的分布情况。另外，无论是村庄人口规模大还是人口规模小的小城镇总体上均呈现出了分化集聚分布的特征。分水镇、李河镇、高峰镇等小城镇所组成的集聚板块的村庄人口规模明显较大，而梨树乡、地宝土家族乡和白土镇等小城镇所组成的集聚板块的村庄人口规模明显较小。

第七，就万州41个小城镇372个村庄人口分布的差异特征来看，万州41个小城镇372个村庄人口分布的平均变异系数值为0.45。在区域层面，变异系数依次为拟入围中心城区0.50，万西地区0.43，万东地区0.46，说明拟入围中心城区的村庄人口差异程度最大，而万东地区的村庄人口差异程度最小。在41个小城镇中，变异系数值最大的是万东地区的太龙镇，其变异系数值为0.93。而变异系数值最小的同样是位于万东地区的新乡镇，仅为0.13。就乡镇的差异状况而言，29个镇的村庄人口分布变异系数值为0.57，而乡则为0.51。从分布态势来看，总体呈现出两头小，中间大的正态分布形态。绝大多数小城镇的村庄人口分布变异系数值都处于0.3~0.7。变异系数值处于0.1~0.3和高于0.7以上的小城镇的数量分别为6个和2个。

第八，在影响三峡重庆库区小城镇人口分布的具体因素方面，经济发展水平、医疗卫生设施和小学数量、区县核心城区辐射效应和非农主导产业对于小城镇人口分布的影响较强。经济发展水平对于小城镇人口分布的影响是较为明显的。即便本书采用的是与人口分布相差3年的2017年小城镇人均GDP，其系数仍然较大，显著性较强。4项基本公共服务设施指标中，医疗卫生设施和小学数量的影响十分明显，集中供水普及率的影响较小，而中学数量的多少则并不会对小城镇的人口造成影响。距离区县核心城区越远的小城镇的人口数量越少，说明区县核心城区辐射效应是存在且显著的。产业结构的非农化对于小城镇人口分布的影响十分突出，这与其直接和居民的收入和就业相关联有关。从地区的差异来看，库尾地区对于小城镇人口的吸引力度明显强于库腹地区。另外，镇对于人口的吸引力度也明显强于乡。

第九，在对三峡重庆库区小城镇人口分布影响因素进行总体分析的基础上，本书进一步对库腹地区与库尾地区、镇与乡之间在影响因素方面的差异进行了更进一步的延伸。经济发展水平和区县核心城区辐射效应在库尾地区的影响明显高于库腹地区。基本公共服务设施和产业结构的影响在区域之间的差异则不明显。医疗卫生设施、区县核心城区辐射效应和产业结构对于镇人口分布的影响明显高出乡。经济发展水平、小学数量、中学数量和生活服务设施的影响在乡镇之间则并不具有显著的差异。

第十，在影响万州 372 个村庄人口分布的具体因素方面，经济发展水平具有显著且正向的促进效应。同时，考虑到经济发展与人口集聚之间可能存在的内生性问题，本书在采用工具变量进行处理以后，上述结论得到了一定程度的增强。基本公共服务设施方面，养老院数量对于村庄人口几乎不存在显著的影响。而由于村庄层面较为严重的老龄化问题等原因，村民对于卫生所数量的需求较为强烈。因而其对于村庄人口具有明显的促进作用。就产业发展水平的影响而言，由于村域内的企业多为农业企业，该指标所具有的影响较弱，但是对于除拟入围中心城区和乡以外的村庄均具有一定的正向影响。在城镇的辐射效应方面，小城镇辐射效应的增强明显有助于区域内村庄人口数量的增加。万州核心城区的影响则相对局限，仅对于距它较近的拟入围中心城区的村庄人口具有显著的增长效应。在地理条件方面，伴随着村庄最低海拔高度的增加，村庄的人口将呈现出显著的递减趋势。

8.2　三峡重庆库区乡镇人口变动趋势分析

在基于三峡重庆库区小城镇和万州村庄人口现有的分布格局特征以及影响因素的基础上，本书从乡镇人口总体、小城镇人口和村庄人口三个方面对变动趋势进行分析。

8.2.1　乡镇人口总体变动趋势

本书认为三峡重庆库区乡镇人口的总数将会进一步减少，老龄化问题将更为突出。首先，这是由我国当前的城镇化进程所决定的。截至 2019年，全国的城镇化率为 60.60%，与世界主要发达国家的差距十分巨大。从重庆的情况来看，2019 年的城镇化率为 66.8%，虽然比全国的城镇化率高，但是相较于美国、英国、德国等国家，城镇化率仍然明显偏低①。另外，由于我国的城镇化率是以常住人口作为测度指标，如果以户籍人口来进行测度，城镇化率还将有所下降。现有的城镇化率意味着不管是全国还是重庆的城镇化发展仍然有较大的空间。同时表明小城镇和村庄青壮人口持续向大中城市流动的趋势仍将持续。其次，不同于东部沿海地区和重庆主城地区的小城镇，大量三峡重庆库区的小城镇区位优势不明显。这些小城镇在进行招商引资和产业发展时都面临来自如重庆主城区、所属区县核心城区的竞争，经济发展水平和就业容量的提升难度较大。最后，由于大量小城镇和乡镇的老年人存在缺乏谋生技能，无法在城市立足，加之老年人安土重迁的观念较重，因而，相较于进入城市生活，大量的老年人更愿意居住在生活环境熟悉的小城镇和乡村。

---

① 资料来源：《中国统计年鉴 2020》。

8.2.2　小城镇人口变动趋势

本书认为三峡重庆库区小城镇的人口分化趋势将进一步加剧。从第 3 章可以看出，人口分布在小城镇间的分化已经较为严重。万州分水镇、江津白沙镇等小城镇的人口数量较多，集聚程度较高，而如奉节云雾乡、石柱金竹乡等小城镇的人口较少。首先，具有发展优势的小城镇的人口流失相对较少，甚至会吸引人口流入。从本书的影响因素来看，在小城镇层面，经济发展水平、基本公共服务设施和区县核心城区的辐射效应是影响人口分布的最主要因素。虽然与城区相比，小城镇总体的区位优势比较落后，但是在发展特色农业和旅游等方面，仍然具有一定的优势，如万州分水镇的青脆李产业。这些优势将会为小城镇的经济发展和基本公共服务设施的提升奠定基础。其次，人口较少的小城镇自身发展困难，人口缩减已成为必然。如诸多学者所指出的，当前乡村的一大问题就是留守儿童和老龄化问题突出，造成这一现象的本质就是青壮年的大量流失。这些小城镇经济发展困难，基本公共服务提升有限，为了追求更高的收入和更好的基本公共服务，人口流出已成为必然。最后，城镇化的发展规律使然。无论是格拉泽（Glaser，2012）以世界各国作为研究样本，还是周其仁（2014）对于中国过往城镇化的研究，他们都发现城镇化并不是均衡的，而是两极分化的。

8.2.3　村庄人口变动趋势

本书认为三峡重庆库区村庄人口的变动趋势较为复杂：流出与回流并存，人口的分化趋势同样存在。首先，一方面受到经济发展水平、基本公共服务等方面的影响，大量的村庄人口还是会在一段时间内呈现出继续外流的趋势；另一方面，受到乡村振兴以及国内居民对于高品质农产品需求增强的影响，部分农村的发展机会逐渐增加。伴随着乡村振兴战略的深入推进，农田、水利等基础设施更为完善，产业发展能够得到更好的支撑，农村的劳动生产率进一步提升。在国民经济水平进一步提高的同时，农产品的外部市场也在扩大。这些方面的发展也为一些农村人口的回流创造了内在条件。需要指出的是，短期内人口变动的主要趋势仍然是大量的流出。其次，乡村与小城镇和城市一样，在城镇化的发展过程中，同样会出现两极分化的趋势。具有发展优势的村庄人口流出少，甚至会吸引人口流入。区位优势不明显的乡村的人口流出多，老龄化问题严重。在一段时期以后，村庄的空心化问题将出现在更多的村落。在更多的资源流向农村的背景下，农村人口会随着资源所产生的集聚效应而发生人口的集聚与分化，并进一步加剧资源的集聚效应。

8.3　对策建议

本书基于结构性互补、共同作用的原则，提出小城镇和村庄协调发展的6大组合政策建议。第一条和第二条建议从小城镇对于乡村的作用和影响出发，期望通过充分发挥小城镇的辐射效应来进一步带动村庄的发展；第三条和第四条从乡村出发，以期用乡村特色农业等方面的发展来对小城镇进行结构性补充；最后两条则是从统筹发展的角度来进行展开。

8.3.1　逐步合乡并镇，充分发挥人口规模的集聚效应

当前三峡重庆库区小城镇的一大问题就是人口规模过小，进而造成人口规模的集聚效应因过小而不能够充分发挥。由于三峡重庆库区属于多山的地区，大量人口特别是农村人口的分布过于分散。根据本书的研究成果，60%左右的小城镇的人口规模小于区域的平均水平。人口的过于分散一方面加大了财政负担，进而制约了基本公共服务设施水平的提升；另一方面，人口的过于分散让学校、医院等公共资源的规模效应不能够得到充

分发挥，也削弱了人口集聚效应对于经济发展水平等的推动作用。基于此，本书认为应当将部分人口较少，区位相邻，文化相近的小城镇逐步合并，加强土地、人口的整合效应，同时也通过规模效应的发挥，节约一定的财政资源。

8.3.2 提高小城镇综合实力，充分发挥核心城区的辐射效应

小城镇受到自身辖区面积较小、行政等级较低等因素的制约，在产业发展、招商引资等方面困难重重。作为城市与农村的衔接桥梁，小城镇对于推进乡村振兴战略，从根本上解决"三农"问题具有十分重要的意义。要实现小城镇的可持续发展和在我国城镇体系中的作用，需要得到核心城区的有力支撑。核心城区在经济水平、医疗和教育等基本公共服务方面实力的提升对于区域总体的人口分布具有显著的正向影响。

8.3.3 以乡村振兴为导向，壮大特色优势农业

当前三峡重庆库区在"后三峡"时期的一大主要任务就是实现库区居民的安稳致富。如前文所言，15 个区县核心城区居民的收入水平相对较高，因而实现安稳致富的重点是小城镇以及农村居民。要实现小城镇以及农村居民的安稳致富，不仅需要依靠政府在政策、财政资源等方面的支持，更为重要的是要建立产业的支撑。如中共中央、国务院印发的《乡村振兴战略规划（2018－2022 年）》所指出的，乡村振兴，产业兴旺是重点。另外，本书认为，依托乡村振兴战略、壮大特色优势农业是实现库区居民安稳致富的有效途径。笔者对万州人均可支配收入最高的分水镇石碾村进行过调研分析，发现该村的人口流失情况较少，收入水平较高的最重要原因是得到了青脆李产业的支撑。如何发现更多的类似脐橙、青脆李之类的潜在优势产业，并将其壮大，将直接关系着库区居民的安稳致富。

8.3.4 以人口为导向，建立村庄发展的长效机制

人口不仅是城市的灵魂，也是村庄发展的基础所在。因此，要建立村庄发展的长效机制，就需要以人口为导向，从产业结构、基本公共服务设施、生态环境等方面来进行打造。首先，需要激发村民的参与村务管理和村庄发展的自觉性、主动性、积极性。在三峡重庆库区村庄发展策略的制定过程中，要充分坚持因村制宜，充分尊重民意等原则。其次，在让村民广泛参与的同时，要切实加强组织领导，强化制度设计，分类分步推进，一手抓扩大试点，一手抓巩固提高。

8.3.5 统筹城乡发展，实现人口资源在各城镇层级的合理配置

从本书的研究可以看出，位于库尾地区的一些小城镇的人数远远多于地处库腹地区的一些偏远小城镇。在村庄一级的情况也十分类似。城市、小城镇和村庄是构成城镇化体系的各个部分，组成部分之间的不协调势必会影响系统功能的发挥。虽然重庆自2007年起被确定为全国统筹城乡综合配套改革试验区，城乡之间的一体化统筹工作也取得了较大的成就，但是城乡之间的差距仍然十分突出。城乡之间的差距势必会造成人口在城市、小城镇和村庄的不合理分配。

8.3.6 推进三峡重庆库区城乡统筹体制机制创新

当前城乡的关系已经从单一的农村支持城镇、城镇反哺农村转变为城乡资源双向流动的阶段。在此背景下，体制机制创新就成为推进三峡重庆库区城乡协调发展的关键突破口。如何围绕土地、劳动力、人才、资金等核心要素进行体制机制创新，事关三峡重庆库区城乡统筹能否取得应有成效。本书认为，体制机制创新的创新应从三方面展开：土地机制的统筹、

人才机制的统筹和投融资机制的统筹。无论是哪一方面的统筹都需要将小城镇、核心城区的发展与村庄的发展相结合，进而避免出现孤立、单一发展格局的情况。

8.4 研究展望

本书以经济学为主体，结合地理学、人口学等学科，对三峡重庆库区的 383 个小城镇和万州 41 个小城镇的 372 个村庄的人口分布特征及其影响因素进行了研究。这些研究一方面开拓了当前学术界对于三峡库区这一我国特殊地理区域人口方面的研究。同时，本书从小城镇和村庄切入的视角深化了当前以城市或区域为主体的人口学研究。虽然本书的这些努力能够为推动相关的研究以及为实现三峡库区的持续稳定发展作出有益的贡献，但仍存在一些不足的地方，有待于进一步的研究。具体包括以下 3 个方面：

首先，本书无论是在小城镇还是村庄人口分布的研究方面，均由于数据的限制，存在研究区域不全面的问题。三峡库区由库首地区、库腹地区和库尾地区，即重庆库区和湖北库区组成。在小城镇人口研究方面，本书以占三峡库区区域面积总体 80% 的重庆库区作为研究对象，研究成果虽然能够在较大程度上反映区域的真实情况，但是对于库首地区小城镇的人口分布情况却了无所知，进而针对研究成果所提出的政策建议难免存在局限性的问题。在村庄人口研究方面，本书以三峡库区内的典型区域万州 41 个小城镇的 372 个村庄作为研究对象，虽然能够在一定程度上反映村庄人口的分布特征以及揭示影响人口分布的经济社会因素，但是不能较好地反映区域整体的情况，特别是库尾地区和库首地区的情况。在后续的研究过程中，加大数据的收集力度将是开展研究的重点内容之一：在小城镇层面，需要尽可能将研究数据覆盖到三峡库区的三个区域，进而使研究区域不存在缺失的问题；在村庄层面，需要尽可能将研究数据扩展到库尾地区，进而扩展研究区域并且能够开展库尾地区和库腹地区的对比研究。

其次，本书的研究数据为 2019 年的横截面数据，较难对小城镇层面和村庄层面的人口变化趋势进行分析和总结。虽然本书对三峡重庆库区 383 个小城镇和万州 41 个小城镇的 372 个村庄的人口分布特征和影响因素进行了研究，但是本书的研究主要是对现状的反映。自三峡工程兴建以来，或者是三峡工程完工以后，三峡库区小城镇和村庄的人口变动趋势如何，并且受到了哪些因素的影响将是未来研究的重点。

最后，本书的研究仅限于对三峡重庆库区小城镇和万州村庄的研究，缺乏与相关区域进行对比的研究。自三峡工程兴建以来，三峡库区得到了中央政府以及上海、广东等地方政府在政策以及资金等方面的大力支持。这些来自政府层面的支持是否会让三峡重庆库区在小城镇和村庄的人口分布与同属渝东北或渝东南的城口、酉阳和秀山等区县不同？如果出现分布特征的不同，那么造成这一现象的背后原因是什么？这些问题也将是后续研究所重点关注内容。

参 考 文 献

[1] 阿瑟·刘易斯. (1989). 二元经济论 [M]. 北京: 北京经济学院出版社.

[2] 白钢. (1993). 中国农民问题研究 [M]. 北京: 人民出版社.

[3] 柏中强, 王卷乐, 杨雅萍, 孙九林. (2015). 基于镇乡尺度的中国 25 省区人口分布特征及影响因素 [J]. 地理学报, 70 (8): 1229–1242.

[4] 蔡建明, 王国霞, 杨振山. (2007). 我国人口迁移趋势及空间格局演变 [J]. 人口研究, 31 (5): 9–19.

[5] 曹慧, 石宝峰, 赵凯. (2016). 我国省级绿色创新能力评价及实证 [J]. 管理学报, 13 (8): 1215–1222.

[6] 陈坤秋, 王良健, 李宁慧. (2018). 中国县域农村人口空心化—内涵、格局与机理 [J]. 人口与经济 (1): 28–37.

[7] 陈良文, 杨开忠, 沈体雁, 王伟. (2009). 经济集聚密度与劳动生产率差异——基于北京市微观数据的实证研究 [J]. 经济学 (季刊), 8 (1): 99–114.

[8] 程路. (2010). 90 年代末以来中国农村小学撤并的深层次影响 [J]. 现代教育论丛 (3): 6–9.

[9] 丁任重, 李标. (2012). 马克思的劳动地域分工理论与中国的区域经济格局变迁 [J]. 当代经济研究 (11): 27–32.

[10] 杜本峰, 张耀军. (2011). 高原山区人口分布特征及其主要影响因素——基于毕节地区的 paneldata 计量模型分析 [J]. 人口研究, 35 (5): 90–101.

［11］费孝通．（1986）．论小城镇及其他［M］．天津：天津人民出版社．

［12］费孝通．（1984）．小城镇大问题［J］．江海学刊（1）：6－26．

［13］封志明，刘晓娜．（2013）．中国人口分布与经济发展空间一致性研究［J］．人口与经济（2），3－11．

［14］葛美玲，封志明．（2008）．基于 gis 的中国 2000 年人口之分布格局研究——兼与胡焕庸 1935 年之研究对比［J］．人口研究，32（1）：51－57．

［15］葛美玲，封志明．（2009）．中国人口分布的密度分级与重心曲线特征分析［J］．地理学报，64（2）：202－210．

［16］顾朝林．（1999）．中国城市地理［M］．北京：商务印书馆．

［17］国家发展和改革委员会产业发展研究所美国、巴西城镇化考察团．（2004）．美国、巴西城市化和小城镇发展的经验及启示［J］．中国农村经济（1）：70－75．

［18］胡焕庸．（1935）．中国人口之分布——附统计表与密度图［J］．地理学报（2），33－74．

［19］胡科，石培基．（2009）．区域研究中的常用人口预测模型［J］．西北人口（1）：94－98．

［20］扈万泰，宋思曼．（2010）．城乡统筹：创新与发展——重庆市城乡总体规划及其实施机制探索［J］．城市规划（3）：44－47．

［21］简新华，何志扬，黄锟．（2010）．中国城镇化与特色城镇化道路［M］．济南：山东人民出版社．

［22］江东，杨小唤，王乃斌，刘红辉．（2002）．基于 rs、gis 的人口空间分布研究［J］．地球科学进展，17（5）：734－738．

［23］姜磊．（2016）．空间回归模型选择的反思［J］．统计与信息论坛，31（10）：10－16．

［24］郎付山．（2015）．基于农业产业集群视角的城乡基本公共服务均

等化研究 [J]. 河南理工大学学报（社会科学版），16（4）：420－424.

[25] 劳昕，沈体雁. (2015). 中国地级以上城市人口流动空间模式变化——基于2000和2010年人口普查数据的分析 [J]. 中国人口科学 (1)：15－28.

[26] 李爱民. (2013). 中国半城镇化研究 [J]. 人口研究，37 (4)：80－91.

[27] 李东. (2010). 人口流动与重庆经济增长极的形成和发展研究 [D]. 成都：西南财经大学.

[28] 李强，陈宇琳，刘精明. (2012). 中国城镇化"推进模式"研究 [J]. 中国社会科学 (7)：82－100.

[29] 李雨停，丁四保，王荣成. (2009). 地理成本与人口空间分布格局研究 [J]. 中国人口·资源与环境，19 (5)：82－87.

[30] 李玉江. (2011). 人口地理学 [M]. 北京：科学出版社.

[31] 梁昊光，刘彦随. (2014). 北京市人口时空变化与情景预测研究 [J]. 地理学报，69 (10)：1487－1495.

[32] 廖才茂. (2004). 论生态文明的基本特征 [J]. 当代财经 (9)：10－14.

[33] 林宝. (2015). 中国农村人口老龄化的趋势、影响与应对 [J]. 西部论坛：25 (2)，73－81.

[34] 林建，张梦瑶. (2016). 我国人口老龄化与社会医疗保险基金的平衡对策 [J]. 上海经济研究 (7)：97－103.

[35] 刘乃全，耿文才. (2015). 上海市人口空间分布格局的演变及其影响因素分析——基于空间面板模型的实证研究 [J]. 财经研究，41 (2)：99－110.

[36] 刘望保，闫小培，陈忠暖. (2010). 基于edsa-gis的广州市人口空间分布演化研究 [J]. 经济地理，30 (1)：34－39.

[37] 刘志甫. (2016). 农村养老与医疗保障：中国老龄化问题的重心 [J]. 求索 (8)：22－26.

[38] 刘子鑫，殷江滨，曹小曙，范虹．（2017）．基于不同尺度的关天经济区人口格局时空变化特征与差异［J］．人文地理（1）：123－131．

[39] 龙小宁，朱艳丽，蔡伟贤，李少民．（2014）．基于空间计量模型的中国县级政府间税收竞争的实证分析［J］．经济研究（8）：41－53．

[40] 鲁凤，徐建华．（2006）．基于不同区划系统的中国区域经济差异分解研究［J］．人文地理，21（2）：77－81．

[41] 陆远权，杨丹．（2008）．三峡库区城镇化与产业结构协调度测度研究［J］．科技管理研究，28（7）：204－206．

[42] 吕晨，樊杰，孙威．（2009）．基于 esda 的中国人口空间格局及影响因素研究［J］．经济地理，29（11）：1797－1802．

[43] 马颖忆，陆玉麒，张莉．（2012）．江苏省人口空间格局演化特征［J］．地理科学进展，31（2）：167－175．

[44] 牟宇峰，孙伟，袁丰．（2013）．南京近 30 年人口空间格局演变与机制研究［J］．长江流域资源与环境，22（8）：979－988．

[45] 潘竟虎，李天宇．（2009）．甘肃省人口流动空间格局和影响因素的 esda 分析［J］．统计与信息论坛，24（9）：62－66．

[46] 秦佳，李建民．（2013）．中国人口城镇化的空间差异与影响因素［J］．人口研究，37（2）：25－40．

[47] 尚勇敏，何多兴，杨庆媛，鲁春阳．（2012）．基于 dea 法的重庆市农村土地市场绩效评价［J］．中国土地科学，26（5）：30－36．

[48] 石忆邵．（2013）．中国新型城镇化与小城镇发展［J］．经济地理，33（7）：47－52．

[49] 王国霞．（2017）．中部地区人口迁移与区域经济发展——基于"五普"与"六普"的分析［J］．经济问题（5）：123－128．

[50] 王胜今，王智初．（2017）．中国人口集聚与经济集聚的空间一致性研究［J］．人口学刊，（6），43－50．

[51] 王小鲁．（2010）．中国城市化路径与城市规模的经济学分析［J］．经济研究，10：20－32．

［52］王晓峰，田步伟，武洋．（2014）．边境地区农村人口流出及影响因素分析——以黑龙江省三个边境县的调查为例［J］．人口学刊，36（3）．

［53］文传浩，秦方鹏，王钰莹，张雅文．（2017）．从库区管理到流域治理：三峡库区水环境管理的战略转变［J］．西部论坛（2）：58－62．

［54］许海平．（2016）．我国农村人口老龄化差异测度、分解及影响因素分析——基于2001—2013年面板数据［J］．农业技术经济（8），49－57．

［55］许莉，万春，杜志雄．（2015）．中国小城镇公共服务供给水平评价［J］．城市问题（8）：39－44．

［56］杨成凤，韩会然，李伟，宋金平．（2014）．四川省人口分布的时空演化特征研究［J］．经济地理，34（7）：12－19．

［57］杨剑，蒲英霞，秦贤宏，何一鸣．（2010）．浙江省人口分布的空间格局及其时空演变［J］．中国人口·资源与环境，20（3）：95－99．

［58］杨强，李丽，王运动，王心源，陆应诚．（2016）．1935－2010年中国人口分布空间格局及其演变特征［J］．地理研究，35（8）：1547－1560．

［59］姚文捷，朱磊．（2018）．基于分向引力模型的点轴城市系统双重虹吸效应研究——以沪杭一线（上海—嘉兴—杭州）为例［J］．地域研究与开发，37（2）：20－24．

［60］易莹莹，凌迎兵．（2015）．劳动力流动对西部地区经济增长效应的影响——以重庆市为例［J］．经济问题探索（8）：61－67．

［61］尹文耀，尹星星，颜卉．（2016）．从六十五年发展看胡焕庸线［J］．中国人口科学（1）：25－40．

［62］于显洋，任丹怡．（2016）．对中国城市社区建设研究的再思考——基于30年社区发展实践的回顾与反思［J］．教学与研究，V50（6）：27－34．

［63］俞路．（2006）．20世纪90年代中国迁移人口分布格局及其空间极化效应［D］．上海：华东师范大学．

［64］曾永明，张利国．（2017）．新经济地理学框架下人口分布对经

济增长的影响效应——全球126个国家空间面板数据的证据：1992 - 2012 [J]．经济地理，37（37），26.

[65] 翟羽佳，王丽婧，郑丙辉，王会肖，王山军．（2015）．基于系统仿真模拟的三峡库区生态承载力分区动态评价 [J]．环境科学研究，28（4）：559 - 567.

[66] 詹培民．（2005）．三峡库区产业空心化的内生机理 [J]．重庆社会科学（9）：125 - 128.

[67] 湛东升，张文忠，党云晓，戚伟，刘倩倩．（2017）．中国流动人口的城市宜居性感知及其对定居意愿的影响 [J]．地理科学进展，36（10）：1250 - 1259.

[68] 张海霞，牛叔文，齐敬辉，叶丽琼，李娜．（2016）．基于镇乡尺度的河南省人口分布的地统计学分析 [J]．地理研究，35（2）：325 - 336.

[69] 张琳，王亚辉，郭雨娜．（2016）．中国土地城镇化与经济城镇化的协调性研究 [J]．华东经济管理，30（6）：111 - 117.

[70] 张强，张映芹．（2017）．“丝绸之路经济带”交通设施投资对经济增长效应分析 [J]．软科学，31（1）：6 - 9.

[71] 张善余．（2002）．我国区域城市化发展水平的差异分析 [J]．人口学刊（5）：37 - 42.

[72] 张学浪，潘泽瀚．（2014）．城镇化进程中的农村人口转移与分布空间 [J]．华南农业大学学报（社会科学版）（4），88 - 100.

[73] 张耀军，岑俏．（2014）．中国人口空间流动格局与省际流动影响因素研究 [J]．人口研究，38（5）：54 - 71.

[74] 张志斌，潘晶，达福文．（2012）．兰州城市人口空间结构演变格局及调控路径 [J]．地理研究，31（11）：2055 - 2068.

[75] 张志勇．（2015）．重庆“三峡库区”农村后续发展的动力机制研究 [J]．中国农业资源与区划，36（1）：86 - 91.

[76] 赵军，符海月．（2001）．Gis 在人口重心迁移研究中的应用 [J]．测绘工程（3）：41 - 43.

［77］赵梓渝，王士君．（2017）．2015 年我国春运人口省际流动的时空格局［J］．人口研究，41（3）：101 – 112.

［78］中共中央编译局．（1995）．马克思恩格斯选集（第一卷）［M］．北京：人民出版社.

［79］钟炜菁，王德，谢栋灿，晏龙旭．（2017）．上海市人口分布与空间活动的动态特征研究——基于手机信令数据的探索［J］．地理研究（5）：972 – 984.

［80］周超，黄志亮．（2017）．三峡库区小城镇基本公共服务设施分布特征研究——以三峡库区重庆段 385 个小城镇为样本［J］．西部论坛，27（3）：96 – 105.

［81］周其仁．（2014）．城乡中国（上下册套装）［M］．北京：中信出版社.

［82］周艳，涂建军，卢德彬，阎晓，武京涛．（2011）．重庆市人口与经济空间分布关系及其变化研究［J］．经济地理，31（11）：1781 – 1785.

［83］Aarland K，Davis J C，Henderson J V，Ono Y．（2007）．Spatial organization of firms：The decision to split production and administration［J］．The RAND Journal of Economics，38（2）：480 – 494.

［84］Abdel R H，& Fujita M．（1990）．Product variety，Marshallian externalities，and city sizes［J］．Journal of Regional Science，30（2）：165 – 183.

［85］Abdel R H，Thompson P A，& Whyte I L．（1996）．Capturing the cost of non-conformance on construction sites：An application of the quality cost matrix［J］．International Journal of Quality & Reliability Management，13（1）：48 – 60.

［86］Aguilar A G，Ward P M，& Sre C B S．（2003）．Globalization，regional development，and mega-city expansion in Latin America：Analyzing mexico city's peri-urban hinterland［J］．Cities，20（1）：3 – 21.

［87］Alegret R，Fatorić S，Wladyka D，Mas-Palacios A，Fonseca M L.

(2018). Challenges in achieving sustainability in Iberian rural areas and small towns: Exploring immigrant stakeholders' perceptions in alentejo, portugal, and empordà, spain [J]. Journal of Rural Studies, 37 (4): 65 –87.

[88] Alperovich G. (1983). Determinants of urban population density functions: A procedure for efficient estimates [J]. Regional Science & Urban Economics, 13 (2): 287 –295.

[89] Anderson G, Ge Y. (2005). The size distribution ofchinese cities [J]. Regional Science & Urban Economics, 35 (6): 756 –776.

[90] Anselin L, Florax R J G M. (1995). New Directions in Spatial Econometrics [M]. Springer.

[91] Anselin L. (1995). Local indicator of spatial association-lisa [J]. Geographical Analysis, 27: 91 –115.

[92] Anselin L, Rey S. (2010). Properties of tests for spatial dependence in linear regression models [J]. Geographical Analysis, 23 (2): 112 –131.

[93] Anselin L. (2013). Spatial Econometrics: Methods and Models [M]. Springer Science & Business Media.

[94] Au C C, Henderson J V. (2010). Are chinese cities too small? [J]. Review of Economic Studies, 73 (3): 549 –576.

[95] Audretsch D, Feldman M. (2004). Knowledge Spillovers and the Geography of Innovation Handbook of Regional and Urban Economics [M]. North-Holland.

[96] Bogue D J. (1955). Urbanism in the United States, 1950 [J]. American Journal of Sociology, 60 (5): 471 –486.

[97] Boudeville J R. (1966). Problems of Regional Economic Planning [M]. Edinburgh.

[98] Brunhes J. (1952). Human Geography [M]. GG Harrap.

[99] Christaller W. (1968). Die zentralen Orte in Sèuddeutschland: Eine èokonomisch-geographische Untersuchung èuber die Gesetzmèassigkeit der

Verbreitung und Entwicklung der Siedlungen mit stèadtischen Funktionen [M]. Wissenschaftliche Buchgesellschaft.

[100] Ciccone A, Hall R E. (1996). Productivity and the density of economic activity [J]. American Economic Review, 86 (1), 54 – 70.

[101] Clark C. (1951). Urban population densities [J]. Journal of the Royal Statistical Society, Series A (General), 114 (4): 490 – 496.

[102] Davis M. (2006). Planet of slums [J]. New Perspectives Quarterly, 23 (2): 6 – 11.

[103] Dixit A K, Stiglitz J E. (1977). Monopolistic competition and optimum product diversity [J]. The American Economic Review, 67 (3): 297 – 308.

[104] Dobkins L H, Ioannides Y M. (2000). Dynamic evolution of the US city size distribution [J]. The Economics of Cities: 217 – 260.

[105] Doeringer P, Piore M J. (1971). Internal Labor Markets and Manpower Adjustment [M]. New York: DC Heath and Company.

[106] Drucker J. (2016). Reconsidering the regional economic development impacts of higher education institutions in the UnitedStates [J]. Regional Studies, 50 (7): 1185 – 1202.

[107] Dumais G, Ellison G, & Glaeser E L. (2002). Geographic concentration as a dynamic process [J]. Review of Economics and Statistics, 84 (2): 19 – 52.

[108] Duranton G, & Puga D. (2004). Micro-foundations of urban agglomeration economies [J]. Handbook of Regional and Urban Economics, 36: 2063 – 2095.

[109] Duranton G, Puga D. (2000). Diversity and specialisation in cities: Why, where and when does it matter? [J]. Urban Studies, 37 (3): 533 – 555.

[110] Duranton G, Puga D. (2001). Nursery cities: Urban diversity, process innovation, and the life cycle of products [J]. American Economic Re-

view, 91 (5): 1454 – 1477.

[111] Duranton G, Puga D. (2005). From sectoral to functional urbanspecialization [J]. Journal of Urban Economics, 57 (2): 343 – 370.

[112] Ellison G, & Fudenberg D. (2003). Knife – edge or plateau: When do market models tip? [J]. The Quarterly Journal of Economics, 118 (4): 1249 – 1278.

[113] Friedman J, Hansen N. (1972). Growth Centers in Regional Economic Development [M]. NM Hansen.

[114] Fujita M, Krugman P R, Venables A J. (2001). The Spatial Economy: Cities, Regions, and International Trade [M]. MIT press.

[115] Garcia-López M À. (2010). Population suburbanization in Barcelona, 1991 – 2005: Is its spatial structure changing? [J]. Journal of Housing Economics, 19 (2): 119 – 132.

[116] Glaeser E L. (1998). Are cities dying? [J]. Journal of Economic Perspectives, 12 (2): 139 – 160.

[117] Glaeser E L. (2012). Triumph of the City: How Our Greatest Invention Makes Us Richer, Smarter, Greener, Healthier, and Happier [M]. Penguin.

[118] Green R K. (2007). Airports and economic development [J]. Real estate economics, 35 (1): 91 – 112.

[119] Guimond L, Simard M. (2010). Gentrification and neo-rural populations in the Québec countryside: Representations of various actors [J]. Journal of Rural Studies, 26 (4): 449 – 464.

[120] Heberle R. (1938). The causes of rural-urban migration a survey of German theories [J]. American Journal of Sociology, 43 (6): 932 – 950.

[121] Helsley RW, & Strange W C. (1990). Matching and agglomeration economies in a system of cities [J]. Regional Science and Urban Economics, 20 (2): 189 – 212.

［122］ Henderson J V. （1974）. The types and size of cities ［J］. American Economic Review, 64 （4）: 640 – 656.

［123］ Howard E. （1898）. Tomorrow: A Peaceful Path to Real Reform ［M］. Routledge.

［124］ Jacobs P W M. （1969）. Decomposition and combustion of ammonium perchlorate ［J］. Chemical Reviews, 69 （4）: 551 – 590.

［125］ John F. （1966）. Regional development policy: A case study of venezuela ［J］. Urban Studies, 4 （3）: 309 – 311.

［126］ Kau J, Lee C. （1976）. The functional form in estimating the density gradient: An empirical investigation ［J］. Publications of the American Statistical Association, 71 （354）: 326 – 327.

［127］ Krugman P. （1991）. Increasing return and economic geography ［J］. Journal of Political Economy. Vol99: 483 – 499.

［128］ Krugman P R. （1993）. Geography and trade ［M］. MIT press.

［129］ Krugman, P. , Venables, A. J. （1995）. Globalization and the Inequality of Nations ［J］. The quarterly journal of economics, 110 （4）: 857 – 880.

［130］ Kuznets S. （1964）. Postwar economic growth ［M］. Belknap Press of Harvard University Press.

［131］ Lang R, Fink M. （2018）. Rural social entrepreneurship: The role of social capital within and across institutional levels ［J］. Journal of Rural Studies, 35 （3）: 197 – 212.

［132］ Lee E S. （1966）. A theory of migration ［J］. Demography, 3 （1）, 47 – 57.

［133］ LeSage J, Pace R K. （2009）. Introduction to Spatial Econometrics ［M］. Chapman and Hall/CRC.

［134］ Lowery I S. （1966）. Migration and Metropolitan Growth: Two Analytical Models ［M］. Chandler Pub. Co. .

［135］ Lucas Jr, R E. （1988）. On the mechanics of economic development [J]. Journal of Monetary Economics, 22 (1): 3 - 42.

[136] Marshall A. (1890). Principles of Economics [M]. 8th edn. London, Mcmillan.

[137] Marshall A. (1920). Industry and Trade: A Study of Industrial Technique and Business Organization, and of Their Influences on the Conditions of Various Classes and Nations [M]. Macmillan.

[138] Massey D S. (1990). American apartheid: Segregation and the making of the underclass [J]. American Journal of Sociology, 96 (2): 329 - 357.

[139] McDonald J F, Bowman H W. (1976). Some tests of alternative urban population density functions [J]. Journal of Urban Economics, 3 (3): 242 - 252.

[140] McDonald J F. (1987). The identification of urban employment subcenters [J]. Journal of Urban Economics, 21 (2): 242 - 258.

[141] McDonald J F. (1988). The first chicago area transportation study projections and plans for metropolitan chicago in retrospect [J]. Planning Perspectives, 3 (3): 245 - 268.

[142] Nannestad P. (2017). Where Have All the Flowers Gone? The Locational Choice of High-Skilled Immigrants Within the EU - 15 Countries: Some Empirical Evidence on the Roy-Borjas Model [M]. Globalization.

[143] Newling B E. (1969). The spatial variation of urban population densities [J]. Geographical Review: 242 - 252.

[144] O'Sullivan A. (2012). Urban Economics [M]. 8th edition. McGraw-Hill Press.

[145] Perroux F. (1950). Economic space: Theory and applications [J]. The Quarterly Journal of Economics, 64 (1): 89 - 104.

[146] Porter M E. (1998). Clusters and the New Economics of Competition [M]. Boston, MA: Harvard Business School Press.

[147] Ratzel F. (1882). Anthropogeographie [M]. Engelhorn.

[148] Ravenstein E G. (1889). The laws of migration. Journal of the royal statistical society [J], 52 (2): 241 –305.

[149] Ritter M A, Lampart I A. (1807). Oxford text book of pathology [M]. Oxford university press publisher Oxford.

[150] Saarinen E. (1958). The City: Its Growth. Its Decay. Its Future [M]. Reinhold.

[151] Sharma S. (2003). Persistence and stability in city growth [J]. Journal of Urban Economics, 53 (2): 300 –320.

[152] Small K A, Song S. (1994). Population and employment densities: structure and change [J]. J Urban Econ, 36 (3): 292 –313.

[153] Stark O. (1984). Rural-to-urban migration in LDCs: a relative deprivation approach [J]. Economic Development and Cultural Change, 32 (3): 475 –486.

[154] Stark O. (1991). The migration of labor [J]. Cambridge Massachusetts/oxford England Basil Blackwell, 26 (4): 68 –93.

[155] Stouffer S A. (1960). Intervening opportunities and competing migrants [J]. Journal of Regional Science, 2 (1): 1 –26.

[156] Tobler W R. (1979). Cellular Geography: In Philosophy in Geography [M]. Springer, Dordrecht.

[157] Venables A J, & Limao N. (2002). Geographical disadvantage: A Heckscher-Ohlin-von Thünen model of international specialization [J]. Journal of International Economics, 58 (2): 239 –263.

[158] Von Humboldt A. (1811). Political Essay on the Kingdom of New Spain [M]. (Vol. 1). I. Riley.

[159] Von Thünen J H. (1875). Der Isolirte Staat in Beziehung auf Landwirtschaft und Nationalökonomie [M]. Wiegant, Hempel & Parey.

[160] Weber A. (1909). Ueber den standort der industrien [M]. Рипол Классик.

［161］Wooldridge J M. （2015）. Introductory econometrics: A modern approach ［M］. Nelson Education.

［162］Wright F L. （1935）. Broadacre City: A new community plan ［J］. Architectural Record, 77 （4）: 243 –254.

［163］Wright F L. （1932）. The disappearing city ［M］. WF Payson.

［164］Zeuthen J W. （2017）. Whose urban development? Changing credibilities, forms and functions of urbanization in Chengdu, China ［J］. Land Use Policy, 32: 79 –95.

［165］Zipf G K. （1946）. The P 1 P 2/D hypothesis: On the intercity movement of persons ［J］. American Sociological Review, 11 （6）: 677 –686.